麗し日本旅、再発見!

星野リゾート10の物語

せきねきょうこ

KODANSHA

四季折々の自然を愛でる

美しい伝統工芸にふれる

その土地ならではの美食に舌鼓

ここでしかできない体験をする

今行きたい星野リゾート

　リゾート運営会社「星野リゾート」が誕生した2005年の頃は、今に
なって考えますと、日本のリゾート業界の変遷が見え始めた時期でもあ
りました。観光業・宿泊業界における分水嶺だったのかもしれません。
旅館やホテルなど、宿泊施設のグローバル化が少しずつ叫ばれながらも、
この時期、具体的な方向性が見つからず消えていった旅館は少なくあり
ません。

　星野リゾートは、そんな時代に世界に目を向け、先駆けともいえる方
法で視野を広め、やがて間近に訪れるだろう国際競争力を高めながら、
未来へと闊歩し始めていました。「星野温泉旅館」から「星のや軽井沢」
へと世代交代が行われた頃から、急速に、国内の宿泊施設の概念も変化を
遂げてきました。「星のや軽井沢」が魅せる、リゾート旅館ともリゾート
ホテルともとれるラグジュアリーな形態は、日本各地の同業者を少なか
らず動かしたのです。より自由な発想と個性、基本を2泊の連泊と謳う
ことを躊躇せず掲げた決断、ラグジュアリーな嗜好、特に、これまでの
旅館が設けていた時間の細かい制約を可能な限り無くし、自由な滞在を
可能にすることは大きな反響に繋がりました。運営側の都合ではなく、
常にゲストにとっての快適性を考えた、当然ともいえるもてなしでした。

　傍で観てきた私自身が感じていることですが、星野リゾートが打ち出
した大胆な運営方法や明解なコンセプト、ブレのないリゾート哲学が、
代表者である星野佳路氏の圧倒的な行動力や人間力、そして氏のリーダ

星のや竹富島で見た朝日

ーシップとともに、長い間、停滞してきた日本の宿泊業界に新風を吹き込み、風穴を開けてくれたのではないかと思っています。

　かつて、その星野氏が最初から大きく掲げてきたことに、「日本の観光をやばくする」というタイトルがありました。当時はその意味をよく理解できませんでしたが、無限の可能性を含んだ面白い発想だと思いました。置き去りにされてきた地方の魅力溢れる観光地を再発掘し、その土地の人々と観光客を巻き込み、ローカルな伝統文化をアクティビティに変え、町や村ぐるみで魅力の再発見をするというやり方も、その時の日本では実に新鮮でした。西洋の良い点を学び、日本の長所と融合させる多様性に富んだ星野リゾートの挑戦に、やや消極的であった地方観光産業の根幹は間違いなく目覚め始めたような気がしています。星野リゾートは、今後もメイド・イン・ジャパンのリゾートやRYOKANを、ユニークで新しい日本固有の宿として世界に発信し続けるでしょう。

　本書は読み物でもあり、一般のガイドブックとは少し異なっています。星野リゾートの様々なカテゴリーの宿を選び、そこに纏わる歴史や逸話、知られざる魅力を充分に発信しようと思っています。そこから透けて見える"星野ワールド"を、是非、楽しんでいただけますよう、その都度、現地に足を運び"生の魅力"を綴りました。最後に、旅の楽しみが増えた……と感じていただけましたら幸いです。

　　　　　　　　　　　　　　　　　　　せきねきょうこ

CONTENTS

098　もっと伝えたい
　　　秘かな物語の数々

COLUMN

私が選んだ星野リゾート
10の物語

日本を代表する憧れリゾートの一つである星野リゾートは、

なぜこれほどまでに多くの人を惹きつけるのでしょうか?

ホテルジャーナリスト・せきねきょうこならではの視点でその魅力に迫ります。

まずは「私が愛する10の施設」の物語をご紹介します。

HOSHINOYA-KARUIZAWA

星のや軽井沢

（ 長野・軽井沢 ）

星野リゾート生誕の地 "軽井沢" は
昔も今も特別な避暑地

　標高1000m近い森に包まれる「星のや軽井沢」は、清涼な水を湛える高原リゾート地"軽井沢"の中央部に佇んでいます。「星のや」ブランドがこの地に生まれたのは2005年。前身の「星野温泉旅館」として、軽井沢で最初の旅館を開業したのが1914年のことですから、星野リゾートは、世代交代を経た現在、すでに100年以上もの長い年月を歩んできています。

「星のや」の舞台となっている軽井沢が、日本有数の避暑地としてスタートしたのが1886年と言われています。都心からも近い風光明媚な避暑地として、そして観光地として現在も大変な人気です。もともと軽井沢には大自然が織り成す"気"の良さがあり、活火山である浅間山の山麓で、高原特有の涼しく清浄な空気に包まれ緑濃い野生の森が広がっていました。

　今となっては、開業当時の「星野温泉旅館」に与謝野鉄幹・晶子夫妻が逗留し「明星の湯」の歌を詠んだことを知る人は少なくなりました。当時も良質の温泉や避暑地としての快適な環境を求め、都会からも多くの文化人が訪れる宿として人気を博していました。1921年に始まった「芸術自由教育講習会」には、内村鑑三、島崎藤村、北原白秋など、そうそうたる顔ぶれがこの地に集ったと言われていますから、軽井沢に佇む「星野温泉旅館」は、当時、アカデミズムの漂う知識人たちのたまり場のようだったのでしょう。

　現在は「星野エリア」として、森の散策や湯量豊富な「星野温泉 トンボの湯」、雑誌から抜け出したような洒落た店が連なる「ハルニレテラス」など、老舗リゾート地に生まれた未来が凝縮されたコンプレックスを楽しむ人々で、季節を問わず驚くほどの賑わいを見せています。浅間山の山麓から連なる広葉樹の多い森に

左／開業から15年、清浄な空気の中で木々は立派に育ち、軽井沢の美しい森の一部を形成している。　右／庭の一角に造られたデッキには通年、テーブルと椅子をセット。ここでは季節に応じた"おもてなし"が。

囲まれたこのエリアこそ、まさに「星野リゾート」の原点と言える場所なのです。
　軽井沢の歴史を辿れば、気の遠くなりそうな縄文時代まで遡らなければなりません。それほど遠い歴史はともかく、今なお軽井沢が特別の場所として存在感を保ち続けているのには幾つもの理由がありました。「星野温泉旅館」はもちろん、古くからこの地に住む人々や、昔から別荘を所有する人々の“己の町への誇りと愛情”により、必然的に生まれた「軽井沢町民憲章」を厳守することで、貴重な高原リゾート地の特別感が保たれてきたと言っても過言ではないでしょう。今、星野リゾートの原点となる軽井沢は、こうした努力の積み重ねによって自然が守られ、美しい情景が保たれているのです。
　1973年8月1日に制定された軽井沢町民憲章の始まりには、「わたくしたちは、国際親善文化観光都市の住民にふさわしい世界的視野と未来への展望に立って、ここに町民憲章を制定します」と記され、5つの項目が並んでいます。軽井沢は常に自然と共にあり、そこに暮らす住民はグローバルな感性で、誇りと威厳を持って軽井沢の町を守り、すべての来訪者を温かく受け入れようという、軽井沢ならではの“アイデンティティ”がひしひしと伝わってきます。

軽井沢の一つの集落のように
森やカルチャーを守るリゾート

　もう少しだけ、大切な軽井沢の歴史を語らせてください。今の軽井沢を形成し

左／吹き抜けの本館2階にあるライブラリーラウンジ。階下にはメインダイニングを見下ろせる。右上／水辺の部屋のテラス。毎夕に毎日点される水行灯が楽しめる。右下／開湯1915年、源泉掛け流し「星野温泉 トンボの湯」。

新鮮な季節の野菜をたっぷりと使った和食膳「山の朝食」。朝日を浴びてキラキラとまぶしい棚田の風景を眺めながら、時間を気にすることなく、ゆっくりと優雅に味わいたい朝食メニュー。

てきた礎には、かつて軽井沢を訪れこの町に深く魅了されたという外国人、アレキサンダー・クロフト・ショーの存在があります。1886年に、カナダ人宣教師であったショーが、友人らと軽井沢を訪れた際に、故郷のカナダを彷彿とさせる気候や風景を大いに気に入ったというのです。そしてショーは、2年後の'88年になると、軽井沢初となる別荘を旧軽井沢の大塚山に建て、これをきっかけに軽井沢は避暑地として注目されたばかりか、軽井沢には未来の発展を想わせる新しい風が吹き始めたのだと伝えられています。

　星野リゾートはというと、企業としての社会的責任（CSR）の一端として、"始まりの時"からすでに故郷の自然を守る使命を持ち、訪れる観光客と貴重な大自然を共有したいと望む姿勢は変わらずに邁進してきたといいます。こうして時が流れ、星野リゾートの現代表となった当時の若きリーダー、星野佳路氏は、自分の故郷である軽井沢に様々な新風を吹き込みました。

　軽井沢はかつてショーの賛評のお蔭で西洋建築の瀟洒な高級別荘が次々と建てられ、日本を代表する高級別荘地、避暑地、保養地となりました。その美しい軽井沢の自然を守りながら、環境に優しい高級旅館を造ることで、今度は、星野リゾートがこの伝統ある旅館を通して、グローバルに「RYOKAN」を発信する機会を作りだしました。かつてショーをはじめとする外国人宣教師たちがキリスト

施設内には軽井沢の原風景"谷の集落"が再現され、渓流や池、棚田など、昔懐かしいランドスケープが展開されている。四季折々の表情で楽しませてくれる植栽も見どころ。可憐な花々を愛でながら散策したい。

教的精神で軽井沢を守ったように、今、「星のや軽井沢」は、エコツーリズムの専門家集団である「ピッキオ（イタリア語でキツツキの意味）」の活動も含め、「国設の森」を守る番人のような存在となっています。

　何年か前、冬の滞在での経験が忘れられません。ピッキオのメンバーと、アクティビティの一つ「星空ウォッチング」に出かけた時のこと。車で浅間山付近の森に出かけ、平らな場所を見つけて寝袋に入り、湯たんぽを抱えて顔だけ出し夜空を仰ぐと、空には拳骨のような大きな星が瞬き、キラキラと輝く星座や天の川、流れ星を見つけ……神羅万象、地球の神秘に感動でした。

先駆者「星のや軽井沢」として
環境対策は自然と共にある旅館の使命

「星のや軽井沢」は、人々に大いに歓んでもらい、温泉で癒やされる旅館として、現代に蘇った"谷の集落"を目指したリゾート造りを成功させたのです。例えば世界有数の観光国スイスが、どこを切り取ってもゴミ一つない箱庭のように美しいと言われる理由は、国を挙げて人々が何世代にもわたり懸命な努力を重ねてきたからなのですが、かつてスイスに暮らした私は、山岳地帯の厳しい自然に対する人々の覚悟を毎日肌で感じていました。同様に、町の自然環境を守り続けること

や、日常の道徳観念を保ち維持し続けるのは口で言うほど容易なことではありません。軽井沢は、住人の方々をはじめ、多くの関係者の日々の努力があってこそ、誰もが憧れるような美しい避暑地であり続けているのです。

　近年、世界的に「SDGs」が叫ばれ社会に浸透し始めています。かつて何度か繰り返されては消えてしまった環境テーマのように、今はもう流行で終わらせることのできない時が来ています。「星のや軽井沢」は、2003年に「グリーン購入ネットワーク 第6回グリーン購入大賞環境大臣賞」を受賞。さらにホテル業界初のゼロエミッション達成と、4年以上のその継続が評価され、環境省から「平成28年度循環型社会推進功労者環境大臣表彰」を受賞しました。贅沢を売るだけではない、環境問題に取り組む高級ホテルの姿勢が認められています。

　早いもので、「星のや軽井沢」は、すでに開業16年目を迎えました。敷地内の棚田も木々も、この年月を経た今、軽井沢の原風景に近づいているのではないかと思え、ランドスケープに大きな成長や変化を見ることができます。渾々と湧く温泉も、気の遠くなるような長い時代を経た今も、自然の恵みとして豊かな湯量は昔と変わらず、訪れる人々を癒やし続けているのです。隣接のハルニレテラスの人気も衰えを知らず、星野エリアは成長し続けています。

左／庭には豊かな水を湛える棚田や渓流があり、季節ごとの自然の移り変わりを楽しめる。右／「星のや軽井沢」を訪れたなら、「軽井沢ホテルブレストンコート」まで足を延ばし、「ユカワタン」で極上フレンチを楽しんで。

(Data)

星のや軽井沢

長野県軽井沢町星野　☎0570-073-066（星のや総合予約）
［客室数］77室　［施設］ダイニング、ライブラリーラウンジ、
ショップ、キッズルーム、宴会場、大浴場、スパ ほか
［アクセス］車／上信越自動車道 碓氷・軽井沢ICより約20分、小諸ICより約25分
電車／JR軽井沢駅より無料シャトルバスで約15分

5 reasons why I love it!
滞在中は "谷の住人" となる心静かな時

O1
環境活動

**エコロジーの原点に触れる
"谷の集落"のライフスタイル**

滞在客には見えない部分で、社会的貢献、環境への取り組みを真摯に実践しています。環境対策に高いビジョンを持ち、ホテルのバックヤードに於いても対策はどこにも負けていません。目標の一つは、脱化石燃料。太陽熱や風力、温泉の地熱利用も含め自然エネルギー利用を実践。たとえば、掛け流しで常時排水される温泉（排湯）から採熱し、排水自体の温度を低下させることで自然負荷を軽減。また、ヒートアイランド現象の元凶である冷房による排熱を回収し、ヒートポンプ利用によって熱エネルギーを有効活用。それにより冷却と加熱の需要バランスを効率よくでき、省エネ＆省コストを実現する努力しています。

02 景観

標高の高さと清浄な空気に
四季の彩りが映し出す景観美

活火山・浅間山の麓に広がる軽井沢町の標高は900〜1000m。亜高山帯の自然植生を残した周辺には、カラマツの天然林もあり、野生動物が多く生息。国指定浅間鳥獣保護区に認定されています。こうした環境にある施設には、軽井沢の原風景"谷の集落"が再現され、渓流や池、棚田など、昔懐かしいランドスケープが展開されています。敷地内でムササビが飛ぶ姿もあり、年間を通して約80種の野鳥が観察できます。

03 客室

静けさの保たれたヴィラタイプ、
水や風の音、鳥のさえずりがBGM

わざと整地をせずに高低差のある敷地を利用して客室が造られています。「星のや」全体の設計者、東利恵氏は重要な課題として広縁やテラスから眺めをデザイン。千曲川水系の清流・湯川の水を湛える池の畔に「水波の部屋」、山側には静かな「山路地の部屋」、庭の入り組んだ路地には「庭路地の部屋」が造られました。メゾネットもあり、薪ストーブの部屋も。愛犬連れで滞在できる客室も人気です。

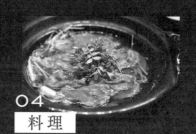

04 料理

独創性と繊細さが同居した
滋味溢れる創作料理"笑味寛閑"

メインダイニング「日本料理 嘉助」では、地産地消を基本として、季節の旬を盛り込んだ「山の懐石」が振る舞われています。彩り豊かで独創的、滋味溢れる四季折々の料理は都会では味わえない醍醐味。新鮮食材、独創的なプレゼンテーションに、まずは目で悦び、舌で感動。懐石料理のテーマは「笑味寛閑」です。また晴れた朝には、外のテラスでいただく新鮮野菜たっぷりの「山の朝食」が元気な1日の始まりに。

05 アクティビティ

都会ではできない自然との会話や
野生に触れ五感を研ぎ澄ませる

一番のおすすめは、森の生態系を知る専門家集団「ピッキオ」と共に行う「野鳥の森ネイチャーウォッチング」。この森は1974年にすでに「国設軽井沢野鳥の森」として指定されました。ここでは年間80種類もの野鳥との出会いが楽しめると共に、多彩な植物の魅力を知ることもできます。また、「星空ウォッチング」や「ムササビウォッチング」など、季節に合わせたツアーのラインナップが豊富です。

星のや竹富島

（ 沖縄・竹富島 ）

八重山諸島の至宝「竹富島」に誕生
伝統文化発信地としてのリゾートに

左／「星のや竹富島」の景色。竹富島の伝統家屋を踏襲した48棟が並ぶ。右／沖縄の三味線「三線」を教えてくれる演者の一人、河上美奈子先生。CDを出すほど実力者の先生は、腕も度胸もある優しい島人の代表。

　幾つもの島々が浮かぶ沖縄県八重山諸島の一つ、竹富島。白い珊瑚のカケラでできた真っ白な小道、赤い琉球瓦の低い家並み、沖縄県の県花・梯梧の防風林、水牛車が通るたびに聞こえる船頭さんの八重山民謡。この穏やかな情景が織り成す島に、2012年6月1日、島人には革命的とも言える新しい事象が起きました。それまで島内には民宿しかなかった宿泊施設の仲間として、世界レベルの高級リゾートブランド「星のや」を展開する星野リゾートが、「星のや竹富島」をオープンするに至ったのです。この施設を運営するのは前述の通り、星野佳路氏を代表とするホテル運営会社・星野リゾートです。今となっては知らない人のいない会社名ですが、その星野リゾートが展開するトップブランド「星のや」は、軽井沢に始まり、京都に続く3軒目として、琉球列島のはるか南の美しい海に浮かぶ八重山諸島の一つ、竹富島に誕生することとなりました。

　星野リゾートの代表・星野佳路氏にも何度か話を聞きました。星野氏は「竹富島には主となる集落が3つあり、『星のや竹富島』は島で4番目の集落"星のや集落"としてありたい」と願っていたのが印象的でした。リゾート建設のプランを立ててから何年もかけ、星野氏と島人との数えきれない会合がもたれたといいます。施設のオープン後も、何度か「星のや竹富島」について星野氏にインタビューをしましたが、返ってきた答えはいつでも同じ。その度、島に対する熱い思いは変わらず、ブレない言葉は感動的でもありました。

「沖縄とその離島には守るべき固有の伝統文化が今なお残されている。私たち日本人が誇りに思う島の貴重な原風景や、島のおじいや、おばあの話す言葉、日常の手仕事や民謡などを、当の島人と共に、お客様が滞在中に体感できれば……」

　星野氏は、固有の伝統文化継承や、島の貴重な原風景を壊さないなど"島の人々が守るべきものは「星のや竹富島」も共に守る"という信念を抱き、揺るぎない言葉で島人に何度も伝えたといいます。そして島の伝統は"星のや流"に施設内に踏襲し、ゲストが滞在中に体感できるようにしました。こうして互いの信頼関係が生まれ、"うつぐみの心"が芽を吹きだしたのです。"うつぐみの心"とは、竹富島で頻繁に使われる言葉で「共同一致の精神」を意味しています。

　施設内には竹富島の民家を模した戸建てのヴィラが点在し、それぞれ贅沢な庭付きの客室となっています。ヴィラは周りを島伝統の珊瑚のグック（のづら積みの石垣）に囲まれ、庭には防風林として力強い葉の茂る福木が植えられ、オレンジ色の琉球瓦屋根の上には魔除けのシーサーが家を守り、いかにも離島に暮らす滞在が用意されたのです。プライベート感に溢れる部屋の窓を開け放てば、風が客室内を通り抜けるよう設計されています。先人たちには日常生活の中にも智慧が宿っていたのですね。縁側に座って本を読むもよし。暑い午後など、大きなソファに寝そべって、ダラ〜っと過ごすのも南の島の休暇ならではでしょう。

　また、「星のや竹富島」に無性に行きたくなる理由の一つに、食事の美味しさがあります。洗練された"琉球ヌーヴェル"を作るのは総料理長・中洲達郎氏と料理人たち。"琉球ヌーヴェル"は、離島から発信される独自のフレンチとして多くのゲストに愛されています。地元の数多くの果物やハーブから作られる朝のフルーツジュースもたまりません。ランチはシンプルで絶品の沖縄郷土料理が選択肢。

左・右上／種子取祭に食べる伝統の餅・イイヤチを作るスタッフ。伝統に基づいて作られたシンプルなもののほか、海苔を巻いた磯辺風や甘辛の揚げ餅にアレンジして提供。右下／「ゆんたくラウンジ」は温かな集いの空間。

　また、冬に楽しめる琉球ヌーヴェルの進化形「島テロワール」は島の冬に旬を迎える食材で作られ、沖縄の美食の一つとなりました。こうして執筆しながらも、いろいろと思い出すだけで旅の虫が動き出しています。

島人に宿る"うつぐみの心"と
共に島で生きるリゾートの成長

　以前から観光人気が高かった竹富島には、ほかの八重山諸島のどの島にもない独自の約束事「竹富島憲章」が存在します。それは、先人たちから受け継いできた貴重な故郷を後世に残したいと島人が自ら定めたというもの。自分たちの故郷とそのカルチャーを守り続ける「軽井沢町民憲章」の内容に通じるものがあります。竹富島憲章には、島の条例や基本理念として、島を「売らない、汚さない、乱さない、壊さない、生かす」という5項目が掲げられています。日進月歩で時代が変わり、発展の波が近くまで押し寄せる昨今、島人のこうした努力を知れば頭の下がる思いがし、環境を守る思いが未来へとつながることを望まずにはいられません。私はどこか懐かしい故郷のような竹富島に魅了されて何度も訪れていますが、その度、島への興味は深くなるばかりです。

　そんなある日、竹富島貴宝院蒐集館の館長であり、島の世話役でもあるキーパーソンの一人、上勢頭芳徳氏に話を聞く機会を得ました。リゾート誕生の喜びを伝えると、上勢頭氏はこう語り始めました。「星野リゾートは、最初から島人に歓迎されたわけではない」と。しかしそれから1時間以上も続いた話の中で、上勢頭氏の言葉から透けて見えたのは、星野リゾートへの厚い信頼が生まれたことでした。「『星のや竹富島』は竹富島と共に未来へ向かう決意表明をしてくれた」

左／朝食には野菜やフルーツで作るオリジナルのヘルシージュースがずらり。右／五穀豊穣や子孫繁栄の縁起物を含んだ「星のや竹富島」の種子取祭期間限定の朝食。種子取祭に欠かせない"粟"を中心としたメニューが並ぶ。

左上／島内で穴場と言われるアイヤル浜。左下／情緒溢れる集落の一角。年間を通してどこかに花が咲いている。右／視界一面に広がる満天の星。都会では見ることのない大きな星が瞬く様子に驚き、天の川にも感激。

と最終的に信じたという島人たち。その思いも隠さずに話してくれたのです。1972年の沖縄返還当時から繰り返された様々な歴史模様の中で、竹富島の島人が多くを習得し、やがて必然的に生まれたのが「竹富島憲章」でした。反対にそうしないと竹富島は守り切れなかったのかもしれません。

　そして、上勢頭氏は最後にこう加えました。「星野代表とも何度も話しましたが、初めて会った時から、代表の意志は一度もブレることなくホテルのプランを話してくれた。それ以来、幾度となく議論を交わしても代表の話す内容は全く変わらない。信頼できると思えたのです」と。こうして互いの間に"うつぐみの心"が芽生え始めたに違いありません。小さなことでも島ではみんなが助け合う――。星野氏はその精神を尊び、また施設スタッフにもそれが深く浸透しているのです。

固有の伝統文化を守る
「種子取祭」に見る竹富島

「竹富島を深く知りたいのなら、種子取祭を見て欲しい！」と、いつの頃からか、多くの人々から提言を受けるようになりました。竹富島の種子取祭は、600年（諸説あり）もの歴史があり、1977年には国の重要無形民俗文化財の指定を受けて

います。本来、種子取祭は種を蒔き、農作物が無事に育つことを祈願する行事です。竹富島ではその祭りを、一年の中で島最大にして最重要な行事として、約600年にわたり継承してきたのです。行われるのは旧暦の9月から10月の干支の甲申の日に始まり、10日間。なんとしてもこの祭祀を見て欲しいと、何年も前から言われ続けた理由を、この度、とうとう確かめるに至ったのです。

　祭りの時期には、島から外に出た人の多くが一時帰島し、この祭りに参加します。幼い子供たちから年配者までが、祭りに真摯に取り組む姿は感動的というほかありませんでした。竹富島には、500年前の島の偉人・西塘様の遺訓として「かしくさや うつぐみとぅまさる（一致協力することが何よりも大切である）」という言葉が受け継がれ、島人の考え方の基本となっているのですが、種子取祭を通して、その日常がしっかりと観衆にも伝わってきました。

　この祭りを初めて見たのは、2019年の秋のこと。祭りの参加者は男女が違う方法で頭に白いハチマキを巻くのが習わしです。念願叶った私も、島人にならって白い手ぬぐいをハチマキとして頭に巻き、祭りに参加することになりました。私は幼いころから祭り好きです。それに日本各地に継承されている歴史ある祭りは、聞いたり、読んだりしただけでは臨場感は伝わらないと考えていました。特に沖縄や周辺の離島には、住民が大切に受け継いでいる地元特有の祭りがあるの

粟の神であるネハラカンドゥの子孫・根原家の庭で巻き唄を歌いながら一緒に回って踊り、祈願の後、塩と御神酒、ピンダコが振る舞われる。その後は、玻座間東、玻座間西、仲筋の3集落に分かれて世乞いが夜通し行われる。

を聞いていました。そして竹富島にも、ほかの離島とは異なる特別な祭りがあり、それを知らないと竹富島の本質はわからないと、宿のスタッフからも言われていましたので、この種子取祭参加の機会は熱望でした。当日、祭りには「星のや竹富島」のスタッフも参加、驚くほど多くの若者がこの祭りのために帰郷し参加、地元のおじいもおばあも……と、島を挙げての意味がわかったのです。

種子取祭は大切な神事の一つで、後半の2日間に行われる舞台芸能は神様へ奉納することを目的としています。主な奉納芸能は、庭の芸能と特設舞台の上での芸能とに分かれ、踊り（ブドゥイ）と狂言（キョンギン）とがあり、舞踊は女性、狂言は男性が担当するのが習わしです。また、奉納芸能が行われた初日の夜には、不眠不休で世乞（ユークィ）いをします。朝の神聖な祭りに比べ、夜は観光客も観るだけでなく祭りの儀式に参加できることから島中が大いに盛り上がります。御神酒（泡盛）も入り、皆が一緒に島人の家の庭で「巻き唄」を歌いながら何度も円になって回り続けます。私も家々で御神酒をいただき、ピンダコ（祭りの時に食べるニンニクとタコの和え物）も振る舞われ、庭で円くなって島人と共に歌い、踊り……。夜はこうして明けていくのですが、私は途中でホテルに帰りベッドインでした。

翌日は午前中から舞台での奉納芸能を観に行きました。舞台では、『シドゥリャニ』と呼ばれる長老の巻き唄、五穀豊穣の神の舞『弥勒（ミルク）』など、独特で多彩な演劇や演舞が続きます。島を挙げて不眠不休で祭りに没頭する人々の様子を間近に見ながら、様々な思いが私の脳裏をかすめていきました。奉納芸能は長い時間

奉納芸能の数々。左／「仲筋ホンジャー」に欠かせない粟は、「星のや竹富島」の畑で栽培したもの。右上／『弥勒』では身動きせずに座って鑑賞する子供たちの真剣さに驚き。右下／色鮮やかな伝統衣装で舞う『竹富節』。

冬に味わうオリジナル料理「島テロワール」から。 左／「あかね芋の3種の調理法」。あかね芋を存分に楽しめる。右／メインの肉料理「牛フィレ肉 パン包み焼き 命草のベアルネーズと共に」。

　行われます。昼の暑い最中にもかかわらず、会場である御嶽の境内の敷物にチョコンと正座し、身動きもせずに奉納の様子を見つめる小さな小学生たちがいました。精神性、協調性など、祭りから得るものは神様とのつながりだけでなく、"うつぐみの心"もこうして養われるのだと確信し、未来の島の祭りの担い手を見たようで頼もしさを感じたのです。伝統とは親から子へ、またその子へとアイデンティティと共に受け継がれていくものなのでしょう。

　島滞在の最終日、一人の島人がこう話してくれました。「若者が少なくなっている島だから、『星のや竹富島』のスタッフには大いに助けてもらっている。彼らは今年の祭りでも随分頑張ってくれた！ 頼りにしている」と。こんな労いの言葉こそ、まさに"うつぐみの心"なのだと納得がいきました。2021年6月、開業10年目を迎える「星のや竹富島」は、すでに島での存在価値がより重要なものになっているように見えました。星野氏がかつてホテルのプランを説き始めた頃からの思いは、こうして時の経過と共に現実となっているのです。

（ Data ）

星のや竹富島

沖縄県八重山郡竹富町竹富　☎0570-073-066（星のや総合予約）
客室数 48室
施設 ダイニング、ゆんたくラウンジ、スパ、プール、見晴台 ほか
アクセス 車／竹富港より約8分（無料送迎あり）

5 reasons why I love it!
伝統を守る島人の意志と竹富島の魅力を凝縮

○1

滞在スタイル

島人が守る文化は国の財産
"離島での暮らし"を満喫する

「星のや竹富島」がほかのリゾートと最も違う点は、竹富島に誕生した"第4の集落"のような存在感があること。島の集落に暮らすようにゆったりと滞在して欲しいと提案しています。宿泊棟も低い赤瓦の屋根や防風林、屋根の上の魔除けのシーサー、玄関のない造りなど、島の伝統的家屋を踏襲して造られました。曲がりくねった珊瑚の路地に点在する客室はとても情緒的であり、また、島と島人とリゾートとの三位一体感はとても貴重。「星のや竹富島」で過ごすことは、同時に竹富島の人々とのつながりも持つことになり、この美しい自然環境を守ることがどれほど大切かも知ることになります。

O2 景観

**原風景の残る保存地区を歩けば、
未来に残したい伝統文化に出合う**

周囲9.2kmの珊瑚でできた小さな島には、琉球赤瓦の低い家並みが並びます。島全体が西表石垣国立公園に指定され、3つの集落からなる昔ながらの家並みは重要伝統的建造物群保存地区にも制定。島には珍しい種類の動植物が生息し、日本最大の珊瑚礁・石西礁湖に囲まれています。開業時は若木であった植栽も、今では施設を覆い隠すほどに大きく育ち、ますます竹富島の原風景に溶け込むようになってきました。

O3 客室

**海風の通る快適な造りと縁側
開放感のある室内で南の島を体感**

島の伝統家屋を踏襲した48棟の離れからなるヴィラタイプ。グックと呼ばれる珊瑚の石垣に囲まれ、家の正面には魔除けのヒンプン（石塀）が立ち、島の建築基準と伝統建築の合理性を踏襲。ヴィラ全体は、沖縄の植物が植えられている庭を含め130㎡以上、贅沢な広さです。室内はフローリングタイプと琉球畳タイプがあり、どちらも広いリビングを通して、幸運の"パイカジ（南風）"が通り抜ける快適な造りです。

O4 料理

**離島らしさ溢れる料理に旅心も全開
島食材のオリジナル料理に舌鼓**

島内や近隣でとれた食材で作る"離島のフレンチ"を提供するレストランの総料理長・中洲達郎氏は、施設の畑で育つハーブ類も巧みに使った独創的な料理でゲストを喜ばせています。冬の間は食材を変えて旬を楽しむ「島テロワール」を提供。沖縄の冬はハーブの旬でもあります。また、中洲氏は多方面から島の土壌に注目。見た目に美しく、食べても美味しいオリジナルの琉球ヌーヴェルに挑戦しているのです。

O5 アクティビティ

**まずは島人との交流
探求心は島の伝統や食文化にも**

プロの師匠や島のおじいやおばあに教えを請い、竹富島ならではの伝統文化や風習が色濃く残る手仕事の体験を。八重山ミンサー織や縄籠作りなど、手取り足取り教えてもらってできた作品は家に持って帰れる楽しみもあります。ほかにも浜辺で朝日を浴びながら深呼吸とストレッチ、地元民謡と三線に耳を傾ける、水牛車で散歩などいずれも地元の方との触れ合いを通して"島人のように暮らす滞在"が魅力です。

RISONARE-YATSUGATAKE

リゾナーレ八ヶ岳

(山梨・北杜)

爽やかな高原でリトリート宣言
絶景、美食、ワインの饗宴に魅了

　四季の訪れごとに、自然が彩りを変える八ヶ岳南山麓の小淵沢エリアには、周辺に清里高原、美し森、大泉高原など、多くの人が一度は行きたいと憧れる高原地帯が広がっています。八ヶ岳山麓にある小淵沢町が北杜市に編入されたのが2006年3月。古くから観光地として緩やかな開発が進み、特に女性に愛されてきた美しい小淵沢辺りは、北杜市編入後も豊饒な土地と自然を活かし、豊かな食材の産地として、またワイン造りでも世間に知られるようになりました。その北杜市の森に包まれるように「リゾナーレ八ヶ岳」が佇んでいます。

　山梨県の北杜市、南アルプス市、韮崎市などをはじめ、長野、静岡両県の10の市町村が含まれる南アルプス地域は、'14年6月12日に「ユネスコエコパーク（BR: Biosphere Reserves ／生物圏保存地域）」に認定登録されました。地域の豊かな生態系や生物多様性を保全し、自然から多くを学ぶとともに、文化的にも経済・社会的にも持続可能な発展を目指す取り組みが実行されています。これらの情報を知るだけでも、八ヶ岳山麓の地域がどれほど豊かな自然と清浄な空気、日照時間の多い地域であるかが容易に想像できます。

　清浄な水にまつわる話をもう一つ。この地域で意外と知られていないのは北杜市が上質の天然水が湧く“水の里”であることです。伏流水に恵まれた土地であることを利用し、飲料メーカー大手のサントリーはこの地にボトリング工場や蒸溜所を構えており、ミネラルウォーター「サントリー 南アルプスの天然水」は余りに有名なブランドとなりました。さらに、シングルモルトウイスキー「白州」も、

左／山梨県や長野県はワイン生産のテロワールに恵まれた地域。右上／珍しい野菜は有機JAS認定農家「こまち農園」から。右下／グラビティ・フロー・システムを日本で初めて導入した「ドメーヌ ミエ・イケノ」のワイン。

この地域で製造されているロングセラー商品の一つ。清らかで美味しい水は、食の源でもあり、森羅万象、人間を含め、広い世界に存在するすべての生物に影響を及ぼします。未来永劫、私たち人間も、健康に生きるためにはまず清浄な水が糧となるのです。

　さて、皆さんは「水の山」という言葉をご存知でしょうか。前記したように'14年、八ヶ岳連峰や南アルプス山麓にある北杜市を含む10市町村がユネスコエコパークに登録されたのを機に、北杜市は「山紫水明」の町づくりに取り組み、世界に誇る"水の山"宣言をしました。そして同時に、「名水を生かしたブランド推進事業を開始し、世界を代表する名水の地へ」と掲げました。南アルプスと言えば"美味しい天然水"というイメージが、まるで合い言葉のように多くの人の記憶に刻まれる理由が実際にあるのです。

　一方、この地方を語る時、山々の話をし始めると止まらないのが山岳愛好家です。そういう私も、若い頃には八ヶ岳を縦走した経験もありました。秋に「リゾナーレ八ヶ岳」を訪れるたびに八ヶ岳を眺め、かつて10月初旬の初登山で赤岳（2899m）から登り始め、早い雪に降られ、凍てつく手に軍手をはめて鎖場を登ったことを思い浮かべています。周辺の清里や清泉寮、日本一高い地点を通過する鉄道、小海線など、すべての記憶が私の夢多き青春時代と重なるのです。「リ

左上下／八ヶ岳ワインハウスでは有料でテイスティングも楽しめる。貸し出し専用BOXにお気に入りのワインとスナックを入れてもらい客室へ。右／特徴的な塔は「ピーマン通り」のアイコン、「ベリーニタワー」。

左／メインダイニング「OTTO SETTE」のディナーのアンティパスト。右／店内には酒蔵をモチーフにした全長12
mのワインセラーが。山梨・長野県産ワインが9割というユニークなセレクションが約2000本揃う。

ゾナーレ八ヶ岳」に特別に惹かれるのは、そんなキラキラとした時代を過ごした
愛着のある地域というのも理由の一つかも知れません。

ベリーニが描いた山岳リゾートから
大人のためのファミリーリゾートへ

　ところで北杜市の愛称が、なんとも可愛らしい「月見里県星見里市」だったと
は知りませんでした。山梨の古名は「月見里（やまなし）」、その上、北杜市は美
しい星空が広がる地として「星見里（ほくと）」と表現しているなど、北杜市の
魅力は公式観光WEBサイトに幾つも語られています。北杜市全体の土地には高
低差があり、その標高は867mから1000m以上にわたります。そのため昼夜の気
温差が大きく、また陽当たりが良く日照時間が長いことから、ワイン造り、フル
ーツ生産、ひいては野菜作りなど農業にも良好な条件が揃う環境なのです。
　高原特有の清々しい気候や、澄んだ空気に包まれる理想的な高原リゾート「リ
ゾナーレ八ヶ岳」は、1992年、前身の会員制ホテル「リゾナーレ ビブレクラブ
小淵沢」に始まりました。当時、八ヶ岳山麓の美しい自然に魅了されたイタリア
人の世界的建築家であるマリオ・ベリーニ氏が、イタリア中部山岳都市をイメー
ジしてリゾートをデザイン・監修。それまでの日本にはなかった本格的ヨーロピ
アンスタイルの建物を造り話題となりました。
　ベリーニ氏は、当時すでに日本を舞台に活躍しており、斬新な建築デザインで
話題を呼んだ「東京デザインセンター」を手掛ける一方、イタリアのモダンな高
級家具カッシーナのデザイナーとして家具類にも才能を発揮し、その名前は広く
知られていました。1992年といえば、私が現職に就く2年前のこと。東京の地下

ワインのことをより知りたくて、「葡萄畑アペロ」に参加（有料・要予約）。まずは小牧ヴィンヤードのブドウ畑を散策。ソムリエ界の第一人者であり、オーナーの小牧康伸氏が自ら案内してくれる。

鉄銀座線外苑前駅のホームや通路の壁に、このリゾートの外観を写した巨大なポスターが貼られ、駅を利用する度に日本の景色とは思えないリゾートの様子を想像しながら、「行ってみたい……」とひそかに憧れていたのです。

　そして、この稀に見る贅沢な造りのリゾートは、その後、2001年に星野リゾートが運営を開始しました。当時のホテル名「リゾナーレ ビブレクラブ小淵沢」は「星野リゾート リゾナーレ八ヶ岳」と名称を変え、'17年には3ヵ月にわたる休館を経て一大リニューアルが実施されました。そして、都会からも遠くない風光明媚な高原地帯に、理想的なリゾートが誕生するに至ったのです。

ファミリーリゾートが目指したのは
"大人も楽しめるリゾート"

　星野リゾートが打ち出すブランドの中で、「リゾナーレ」はスタイリッシュな造りと自然環境の素晴らしさを謳い、同時にファミリー向けの西洋型リゾートであることがメインのコンセプトとして挙げられています。ここ八ヶ岳で目指したのは、"大人のためのファミリーリゾート"としてのスタートでした。つまり、大人も子供も思い切り楽しく過ごせるよう施設を整え、子供には子供の、大人には大人の時間をそれぞれが持てるよう、双方の満足度を高める施設を目指しました。

　満足度の高さは食事においても同様です。通年、天候に恵まれる環境は食材の宝庫でもあり、ここでの食事は世のグルメたちも注目しています。例えば春夏秋冬、一年を通して旬の食材は絶えることがありません。秋にはワイン用のブドウの収穫も始まります。ヌーヴォーの出荷を心待ちにするワイン好き、嗜好の煩いワイン通のゲストは、メインダイニング「OTTO SETTE」のディナータイムを目指し、厳選された地元ワインとのマリアージュを期待してやってきます。「OTTO SETTE」とはイタリア語で、OTTOは「8」の意味から八ヶ岳を表し、SETTEは「7」を意味します。ここに食材を提供している八ヶ岳の7名の厳選された生産者と共にあるというレストラン名なのです。生産者に敬意を払った洒落た名前に意味を込めたレストランは、大人のための静謐な時間を過ごせるメインダイニングとして、気取ることなく、好きな料理を大いに満喫できるのが魅力でしょう。一皿ごとに驚き、感動しながら舌鼓を打つ。そしてワイン愛好家は、2000本を揃えるセレクションから、料理に合う最適のワインをソムリエに託す。そんなワインとのマリアージュも実現します。

　一方、ブッフェスタイルの「ワイワイグリル」でも、それぞれの料理にシャキシャキとした新鮮な高原野菜が豊富に使われ、ダイナミックでありながら繊細なプレゼンテーションにゲストは目を丸くしています。「今回こそは絶対に食べ過ぎないように！」と決心して向かう人も、ついアレもコレもと選んで食べ過ぎてしまうに違いありません。食いしん坊には酷なほど、美しく盛られ、食欲をそそ

左／レジデンステラス付の客室。ボルドー色で描かれた八ヶ岳連峰は山麓のワイン産地を彷彿とさせる。右上／ピーマン通りにある「ベジビエ」の「自家製ロースト鹿サンド」。右下／ブッフェレストラン「ワイワイグリル」。

られる料理が並びます。今や「リゾナーレ八ヶ岳」は美食のリゾートとしても認知され、いつも賑わっているのです。

飽きない仕掛けと魅惑の施設が揃う
アクティビティの多さに連泊も

　少し静かな時を過ごしたいゲストには、文学から写真集、旅の本などが揃うカフェのある本屋さん「ブックス＆カフェ」がおすすめ。とにかくワインが目的の常連さんには「八ヶ岳ワインハウス」を。24種の銘柄から選び、専用ボトルに詰めたお気に入りのワインと、それに合うスナックを購入して客室に持ち帰るための「VINO BOX」が無料でレンタルできます。なんだか南フランスにいるように、ワインを身近に感じながら自由な時を過ごせるのが魅力です。

　また、リゾートの中心を走る「ピーマン通り」には、地元の洒落た店舗やライフスタイルを提案するセレクトショップ、こだわりのコーヒーが飲めるカフェなどが軒を連ね、滞在者が楽しめる散策路として、また刺激的なショッピング回廊として、リゾート全体が一つの街のように造られています。私も訪れるたびに、北欧グッズを売るセレクトショップで買い物をし、可愛い北欧柄のマグカップは今でも家で使っています。

　アクティビティが豊富なリゾートですから、敷地内にはほかの施設もずらり揃っています。まるで“森の中に生まれた海”のように、大波や小波が押し寄せる巨

施設と提携している小牧ヴィンヤードで開催される人気のアクティビティ「葡萄畑アペロ」。ディナーの前に、ブドウ畑でワインや軽食を楽しみながら過ごす大人の時間。

左・右上／敷地内の森に造られたアスレチックコース「森の空中散歩」の一部。右下／「VINO SPA」のおすすめは、ポリフェノール豊富な赤ワイン用ブドウを原料とした「VINOスクラブ・パック」を使うメニュー。

大な全天候型プールでは、いつ訪れても親子連れで賑う声が聞こえ、楽し気に遊ぶ様子が見られます。ほかにも、森に囲まれた屋外温浴施設「もくもく湯」は、男女それぞれの内湯のほかに、オープンエアな混浴エリアが造られていて、家族が一緒に入浴できる珍しいお風呂です。また、女性に大人気の安らぎ空間「VINO SPA®」は予約が難しいほどです。リゾナーレの基本は「ファミリー」ですから、子供と一緒に楽しめるアクティビティが豊富に揃い、子供連れでも遠慮なく過ごせるのが特徴です。遊び上手な子供たちでさえ、幾つもの施設にある遊びの選択に困るほど、日常とは違う休暇を楽しめるよう施設が整えられているのです。ショップやピーマン通りで買い物ばかりに終始せず、一度はトライしてみたいと思いながらもなかなか機会を持てなかったのが、12月から5月まで、施設外の森の小路を馬で散策する「森林乗馬」です。小淵沢町は「馬のまち」と言われているのだそう。馬の背中に乗って雪の森に出かけるのもロマンチックですが、新緑の森を闊歩するなんて夢のよう。次回は是非にと願いを込めて……。

(Data)

リゾナーレ八ヶ岳

山梨県北杜市小淵沢町129-1　☎ 0570-073-055（リゾナーレ予約センター）
〔客室数〕172室　〔施設〕レストラン、ブックス＆カフェ、
八ヶ岳ワインハウス、スパ、プール、屋外温浴施設 ほか
〔アクセス〕車／中央自動車道 小淵沢ICより約5分
電車／JR小淵沢駅より無料送迎バスで約5分

5 reasons why I love it!
山岳都市・八ヶ岳の麓でリゾートの真髄を

01

ワイン

世界を驚かす日本産ワインの品質
極上ワインと美食で大人時間を

星野リゾートの中でリゾナーレブランドはファミリー向けとされていますが、ここでは"大人のためのファミリーリゾート"というコンセプトを掲げています。このエリアはワイン生産に優れた地域でもあり、"美食とワイン"を提案するプランを豊富に揃えています。例えば、期間限定ではありますが、ディナー前にワインや軽食を楽しみつつ、ブドウ畑で風を感じ、土の香りに包まれて過ごそうというアクティビティ「葡萄畑アペロ」。施設内の「八ヶ岳ワインハウス」や「ピーマン通り」のショップでセレクトしたお気に入りのワインを客室に持ち込むことも可能。高品質な日本ワインが満喫できます。

O2
景観

山々と森と里山が織り成す自然
心癒やされる情景に憩う

ダイナミックで美しい山の連なりで知られ
る八ヶ岳連峰の南山麓にあります。南アル
プス・甲斐駒ヶ岳を見渡せる絶景や松林に
包まれる静けさも魅力であり、幾つもの高
原が折り重なるように広がる起伏の穏やか
な地域です。豊富な水資源もあり、美味し
い水が同地で育つすべてを美味しくするの
です。日照率の高さ、昼夜の気温差の大き
さもブドウ生産に最適な土地柄。高原リゾ
ートとして完成度の高い環境です。

O3
客室

広い室内でだら〜り過ごす
飲んだり食べたりの贅沢を楽しむ

レジデンス棟は44〜90㎡とどの部屋も
広く、スタイリッシュなメゾネットや、昼
寝もできるゴロゴロソファが置かれた客室
は、まさに子供が喜ぶファミリー向け。一
方、ホテル棟にあるワインを楽しむための
「ワインスイートメゾネット」は、この客
室のために造られた限定ワインも用意され
る贅沢さ。また客室の壁には八ヶ岳連峰が
描かれ、基本カラーとして赤ワインをイメ
ージしたボルドー色が使われています。

O4
料理

独創的で美味しい料理に舌鼓
ワイン愛好家にはマリアージュも

キッチンには上質な旬の食材を仕入れるこ
とにこだわる料理人たちがいます。オーガ
ニック野菜の生産農家、近隣の珍しい野菜
作りや上質な食肉生産などに挑む農家との
繋がりを重要視し、"Farm to Table（農
場から直接テーブルへ）"を実践。「OTTO
SETTE」では"本場のイタリア料理を超
えたイタリア料理"と絶賛。「ワイワイグリ
ル」では、豊富な料理に子供も大人も目移
り必至です。

O5
アクティビティ

子供のように楽しみたい
多彩なアクティビティ

子供と大人が共に楽しめるアクティビティ
が幾つも用意されています。中でも最大の
楽しみは、"森の中のプール"。季節や天候
に左右されない全天候型プールは南国の海
辺にいるような大波や小波が押し寄せ、時
間を忘れさせてくれます。大人には、ワイ
ンに纏わる話を聞ける「ワインの学校」や
乗馬体験、森のウォーキングなど様々。体
も心も解放してくれる楽しい施設ですか
ら、せめて2泊以上の連泊がおすすめです。

星のや沖縄

(沖縄・読谷村)

珊瑚礁の美ら海、アートや
伝統工芸に触れ、人に出逢う旅

敷地内からは、昔のままの自然が残る穏やかな海岸線と珊瑚礁の海が見える。沖縄本島でも屈指の美しさを誇る読谷村の海を守るために海岸の護岸工事などをせず、自然の姿を残して「星のや沖縄」が造られた。

　今回の旅でとても幸運だったのは、何人かの会いたい人に会う機会を得たことでした。まずは読谷村（よみたんそん）の村役場を訪れ、村長の石嶺傳實氏と、ゆたさむら（村の人が心地いいと感じる村）推進部部長山内嘉親氏（やまうちよしちか）、つまり読谷村観光事業や文化振興など読谷村のキーパーソンであるお二人にお目にかかりました。その場の緊張を和らげてくれる村長の一言に始まり、歓談中は和やかな雰囲気で時が流れました。読谷村出身の村長からは隠れた村の魅力も語られ、時間をオーバーした対談を通して、素直に理解できたことがありました。それは、読谷村の最大の魅力は手つかずの自然、さらに、伝統工芸を継承する若い後継者が多くいること、そして、何よりも村に誇りを持って暮らしている人々が多いということでした。村人として生きる揺るぎないアイデンティティも感じ取れたのです。村長は最後にこう語りました。「土地の魅力というのはね、究極は人に尽きるのですよ」と。すべての原点は人に始まるということに納得でした。

　その日の別れ際、石嶺村長は私に2冊の本を差し出し、「これを読むともっと、読谷村のことがわかるかもしれないね」と微笑みました。1冊は読谷村の「やちむん」（現在読谷村だけで窯は68ヵ所）作家と作品について書かれた本、もう1冊は、読谷村で生まれ育った人や移住して暮らしている人たちを紹介しています。

そこに掲載されている人々は、読谷村に魅了された理由を本音で語っています。取材を終え、帰京する機内で読み始めた本は、あっという間に読み終え、読谷村にすぐにでも飛んで戻りたい衝動に駆られました。特に、人々が語る本には、読谷村に移住を決意したきっかけや、読谷村を愛する理由が、"語り部"のように熱く記されていたのです。石嶺村長ご自身も本の中に登場し、語っています。「日本で一番人口が多い我が村は、居心地の良さも日本一ですよ」と。そして村長は、敢えて漢字を変えて使い、"知産地 笑"という言葉を編み出しました。その土地に暮らす人との出会いや繋がりこそ、旅の印象を良い方に深めてくれるというのです。読谷に残るサトウキビ畑、護岸を敢えて整備しない昔ながらの姿を残す自然海岸、温かな人々の笑顔、おせっかいなほど親切な人々……。読谷村のことをもっと知りたくなったのです。

「星のや沖縄」は、その読谷村を舞台に誕生しました。滞在中、スタッフとの触れ合いが心地いいものであったこと、ゆったり、のんびり、施設内ではスタッフやゲストの笑顔が舞っていたのが印象的でした。地元出身ではないスタッフも多いのに、誰もがこの地に馴染んで、ゆったりとした"島人"のようなのです。この限られたスペースにすべては書けませんが、感動的な「星のや沖縄」のリゾートストーリーについて、ここから紐解いていきましょう。

珊瑚の海との一体感がたまらない
ここでは時計を外して過ごそう！

「星のや沖縄」は沖縄本島中央部に位置し、那覇空港からは車で約60分、西海岸を通る国道58号線を走ります。街の光景は徐々に緑濃い郊外の景色へと変わり、

左／1kmにも及ぶ緩やかな自然海岸沿いに建ち、客室の窓を開ければ潮の香りに包まれる。右／快く話を聞かせてくれた読谷村村長の石嶺傳實氏。村の出身でもあり、故郷に対する深い慈愛に満ち、ウィットに富んだ人物。

ザワザワ〜と風に揺れるサトウキビ畑が続く読谷村へと入ります。風の中に海の香りがしてくれば、施設はもうすぐです。この施設の敷地面積は12万5000㎡と広大。この読谷村に残る自然海岸沿いの1kmにも渡る細長い敷地を巧みに使い、全室オーシャンフロント2階建てのラグジュアリーな高級リゾート「星のや沖縄」が造られたのです。読谷村には、幸いにも景観条例（2009年制定）があり、なるべく原風景を残そうと、現在は4階以上の建物が規制されています。開業は2020年7月1日。星野リゾートのトップブランド「星のや」として、8つ目となる施設の誕生でした。

　いずれの「星のや」も個性的なデザインや、その土地の伝統、歴史を踏襲し、高級感溢れる造りがファンの心を摑んでいます。ここ「星のや沖縄」に到着後、最初に興味を抱いたのは、高い壁"グスクウォール"の存在でした。グスクとは、琉球王朝時代に奄美諸島から沖縄諸島、宮古島、八重山諸島などに築かれた沖縄地方特有の城・史跡のことを指し、沖縄には400近くが遺跡として現存しているといいます。これらのうち沖縄本島南部を中心に点在する5ヵ所のグスクが、「琉球王国のグスク及び関連遺産群」として、琉球王国の史跡群で構成されるユネスコの世界文化遺産（2000年登録）となっていることも学びました。
「星のや沖縄」では、沖縄や読谷村の歴史に敬意を払い、さらに読谷村の独自性をデザインに踏襲しようと、この神聖な壁が造られたといいます。ただ、本来のグスクの性格や意図については、どの文献を調べても「最終結論は未だ無い」と記され、本質が"聖所"である以外のことは、「今後の研究者に委ねられている」と記されています。いずれにしても、「星のや沖縄」のグスクウォールは、外と内を分かつ、つまり"日常と非日常を分かつ聖所のような場所"と考えれば、その意図は充分に体感できるでしょう。実際に施設に到着すると、グスクウォールは

左／夕陽に照らされるグスクウォール。映し出される模様の美しさは感動的。右／グスクウォールの内側通路を歩くスタッフ。エキゾチックなコスチュームのため、異空間を歩く聖職者のようにも見える。

左／深海をイメージした深いブルーが神秘的なレセプション。珊瑚をイメージした柱のオブジェも印象的。右／広大な中庭には畑が造られ、花や数々の果樹が植えられている。並んだヤシがジャングルのようになる日も近い？

想像よりも遥かに高く4.5mもあり、荘厳で、波打つような曲線を描き、芸術品としても美しい壁でした。その壁には、読谷村に伝わる縁起のいい伝統織物「読谷山花織（ゆんたんざはなおり）」からイメージされた3種類の模様が穴として彫られ、陽ざしの方向により模様の穴を通して陰影が変化して見え、時間帯によっては、通路に模様が映し出されます。

　到着して、まず通される建物は深海をイメージした深いブルー一色のレセプションです。この室内には不思議な形状の柱が幾つも建てられ、深海ブルーとマッチしてアニメの世界のような印象です。新鮮さに驚きながらもチェックインを済ませると、太陽燦々の外に出て、緑の畑を貫くように走る木道を歩き滞在する客室へと案内されます。敷地にはブーゲンビリアをはじめ、彩り豊かな花々が咲き、畑にはヤシの木のほか、シークワーサーなどフルーツの木も植栽されています。この大規模な畑は、「星のや沖縄」の大切な空間として、またアイコンとして存在していると聞きました。オープン直後に訪れた夏には、アセロラもシークワーサーもグアバも、そしてヤシの木も、すべてが若木で初々しい子供のようでしたが、たった2ヵ月後、今回の訪問ではすべての植物が力強く一回りも二回りも大きく成長している姿に驚かされました。スタッフは、「いずれヤシがジャングルのように成長する日を心待ちにしています！」と微笑んでいました。

贅沢な客室、プール、グルメなレストラン
エキサイティングな施設に憩う

　広く贅沢に造られた客室は4タイプ。フッシ（星）、ハル（畑）、ティン（天）、特別室ティーダ（太陽）と沖縄の言葉で呼ばれ、それぞれの客室が、広さも壁の絵柄や色合いも、間取りも異なっています。ベッドルームの壁を飾るのはどの部

屋も"琉球紅型"の壁紙です。模様や色合いは客室ごとに個性があり、山羊や蝶、
月桃など、沖縄の特徴的な動植物をモチーフに、読谷村に伝承される物語や風習
が描かれ、とても沖縄らしい華やかな伝統工芸品です。

　滞在最後の日、この壁紙を作製した琉球紅型の作家さんご夫妻が客室に来てく
ださり、話を聞くことができました。この紅型は、作家さんにとって初挑戦とな
った巨大なスケールの作品だったそう。そういえばこれほど大型の紅型を見たこ
とがありません。各部屋の壁に飾られた作品は、想像をはるかに超える大変な作
業だったと知り、自分の部屋の紅型がより愛おしく感じたのも確かです。

　客室には、ほかにも読谷山花織のコースターや、やちむんなども置かれ、室内
で地元の工芸品に触れることができます。客室では窓から見る海の景色と相まっ
て、旅情は沸点まで上がっていました。客室棟は、窓側の海と、出入り口側に面
する畑に挟まれて建てられています。両方向の窓やドアを開ければ、心地いい潮

上／琉球シチリアーナの一品、ストゥッツィキーニ。器の蓋には空想で描いた読谷村の海とイタリアの街が。左下／お
もてなしの「ぶくぶく茶」は、やちむんの茶碗の中からお気に入りを選べる。右下／客室「ハル」。

　風が部屋を吹き抜け、海の香りに包まれます。砂浜には奇岩や巨岩が随所に残る風景が見られます。読谷村の海の70%が依然として"自然海岸"として残され、施設内の海岸もまた手を付けられていない原風景なのです。そんなオーシャンフロントには、"一年中海とつながる"と謳うサンセットプールがあります。夕陽を見る特等席でもあるインフィニティプールは24時間利用可能。子供が遊べる浅いエリアもあり、誰もが楽しめるゴージャスなプールです。

　また、施設内には、長期滞在にも飽きないようにバラエティに富むレストランが揃っています。メインダイニングではシチリアと沖縄を繋いだ料理が提供されています。イタリア南部で研鑽を積んだ料理長曰く、「イタリア南部のシチリアは沖縄とよく似た食の環境で、マグロやカジキも食べています。それにレモンの産地のシチリアですが、沖縄にはシークワーサーがあります」と、双方の良いところを融合させて独自の「琉球シチリアーナ」を誕生させたと語っています。一方、海に近く海と共に過ごせるカジュアルな4つのエリアが大人気の「バンタカフェ」と、そこに併設された本格グリル料理を楽しめる「オールーグリル」は、宿泊ゲスト以外の街の人や観光客も利用可能な施設として、ランチタイムやティータイムを中心に賑わい、週末は地元の家族連れやカップルがやってきます。

　もう一つ、インルームダイニングの「ギャザリングサービス」という滞在者向け食事サービスが提供されています。16時までにメニューの中から好きな料理を選べば、スタッフが16時から18時の間に各客室の「土間ダイニング」に届けてくれます。あとはゲストが食べたい時に、大型冷蔵庫に保管された料理を取り出すだけ。そのまま食べられる前菜やデザート、最後のひと手間を加えるだけで美味しくいただけるメインの数々など、豊富なメニューが揃っています。レストランとは一味違い、客室の「土間ダイニング」で誰にも遠慮することなく食事ができる自由さも、家族連れやカップルに大好評となっています。

左／ギャザリングサービスの一例。3種の貝の泡盛蒸し、グルクンの南蛮漬けなど贅沢三昧の食事。右／掘りごたつ式の床座リビングを備えた客室「フゥシ」の土間ダイニング。海を見ながらギャザリングサービスを。

上・右下／毎日色を変える美しい夕陽。インフィニティプールから見る夕景は圧巻。左下／4つのエリアを持つバン
タカフェの「海辺のテラス」。中下／客室「ハル」のテラスリビングは、海を一望する特等席。

　どの客室からも見ることのできる美ら海は、ずっと見続けていても飽きること
がありません。時間と共に美しく変化する空や雲、満ち潮や引き潮にも色を変え
る珊瑚の海。「星のや沖縄」と共にある美ら海は、コバルトブルー、ライトグリ
ーン、ミルキーブルー、スカイブルー、そして夕暮れ時の群青色、夜を迎えるダ
ークブルーへと、感動的としか言えない七変化を魅せてくれます。贅沢なギャザ
リングサービスでのディナーを楽しみながら眺める、夕陽がストンと水平線に沈
みゆくサンセットのシーンこそ、「星のや沖縄」滞在の醍醐味なのです。

(Data)

星のや沖縄

沖縄県中頭郡読谷村儀間474　☎0570-073-066（星のや総合予約）
客室数 100室　施設 ダイニング、ラウンジ、ショップ、プール、
道場 ほか ※バンタカフェ、オールーグリル併設
アクセス 車／那覇空港より約60分（有料の空港リムジンバスあり）

5 reasons why I love it!
知らなかった読谷村の奥深い魅力に触れる

01
アート

**未来志向の琉球紅型など
伝統工芸品に彩られる施設内**

それぞれの客室内でベッドボードを飾る「琉球紅型」の美しさは圧巻です。これを製作されたのは、紅型工房「守紅」を主宰する琉球紅型作家の宮城守男氏。「星のや沖縄」の客室の壁紙は、これまでに手掛けた作品の中でも最大級の作品と言います。客室のタイプによって異なる紅型の絵柄は、沖縄伝統の物語や多くの沖縄の動物や植物などをモチーフに描かれています。ほかにも、やちむんの茶碗、食器類、読谷山花織（花模様の美しい織物）など、沖縄、特に読谷村を代表する伝統工芸品が使われています。それぞれに若い後継者がいてくれるという事実は頼もしいばかりです。

02 景観

**美ら海の原風景にこだわる読谷村の
ワイルドな自然海岸と世界遺産**

客室の目の前に広がるのは、珊瑚礁が生きる遠浅の美ら海と、沖縄でも珍しい自然海岸"ギマの浜"。施設建設に当たり、掘削せず、岩場や砂浜に手を入れることもなく、動植物もそのままにしたという海岸が残される原風景に出逢えます。また近隣には絶景の残波岬や世界遺産の座喜味城跡も。「星のや沖縄」滞在中は、外に出かけて特別な村である読谷村探訪がおすすめ。「星のや沖縄」の魅力が倍増します！

03 客室

**美ら海と畑に挟まれて建つ
4つのタイプの豪華な客室**

2階建ての宿泊棟には4つのタイプの客室が造られました。「フゥシ」は大きなテーブルのある土間ダイニングと床座リビングを備えた贅沢な部屋。「ハル」は大きなソファのあるテラスで海を眺められる客室。「ティン」は2人で過ごすのに快適なコンパクトなタイプの部屋。ラグジュアリーな特別室「ティーダ」は、専用プール付きの贅沢な客室。テラスから直接ビーチへのアクセスができるのは特別室ならでは。

料理

**沖縄の伝統料理と新発想の融合
斬新なテーマで新たなイタリアン**

南イタリアのシチリアと沖縄には多くの共通点があると語る料理長の松梨智子氏は、メインダイニングで沖縄食材とシチリアのエッセンスを取り入れた独自の料理「琉球シチリアーナ」を提供。シチリアを思わせる華やかな絵柄の器もこのダイニングのための特注品。ほかにも豊富なメニューが揃うインルームダイニング「ギャザリングサービス」、カジュアルな「バンタカフェ」などもあり、選択肢は豊富です。

05 アクティビティ

**読谷村に伝わる伝統工芸や文化に
触れ、学び、体験する楽しみ**

プールやビーチで一日中のんびり過ごすのはリゾートでの休暇の王道。しかし、この自由な休暇を利用して、ホテル提案の遊びやアクティビティに参加するのも非日常の歓びでしょう。浜辺での「みーぐすい乗馬」、安冨祖流の師範から歌三線の手ほどきを受ける「島の手習い」、琉球空手の心を学ぶ、琉球舞踊を習うなど貴重な体験を提案しています。海では「青の洞窟ツアー」やシュノーケリング・ダイビングなども。

今さら聞けない！
星野リゾートのサブブランドをおさらい

圧倒的な非日常感を
堪能できる
日本発の世界的ホテル

星のや

「星のや軽井沢」に始まったジャパン・メイドのラグジュアリーホテルは、日本が誇る伝統の宿である"RYOKAN"が築いてきた"憩う"空間を礎に、風土、食文化、もてなし、非日常感を、独自のラグジュアリーホテルという形で世界に向けて発信しています。日常を離れ、時計を外して、そこに暮らす住人のように滞在する理想的な和のホテルブランドには、「現代を休む日」というコンセプトが掲げられています。「星のや」では、一軒ごとに異なる高級感溢れる施設造りと、洗練された独自の料理、そして溢れんばかりの旅情を満喫できます。

温泉旅館としての魅力と
真の"心地よさ"を
追求する施設

界

コンセプトの「王道なのに、あたらしい。」とは、「界」の真髄を表すに"言い得て妙"な表現です。伝統と新感覚の融合する小規模で上質な温泉旅館としてあり、常に進化を続けています。心地よさを追求すると共に、伝統工芸品やアートなどを設えることで地域の伝統文化や独自性にふれられる客室「ご当地部屋」や、滞在中に体験することができるアクティビティ「ご当地楽（とうがく）」も「界」の特徴です。温泉施設は大浴場のほか、露天風呂付き客室もあり、現代のライフスタイルに合わせた1泊2日の湯治体験「うるはし現代湯治」を推奨しています。

大人も子供ものびのび！
贅沢な滞在ができる
ファミリー型リゾート

リゾナーレ

「リゾナーレ」の掲げるコンセプトは、「大人のためのファミリーリゾート」。いずれも個性溢れるデザインで、時には遊び心満載に、時にはダイナミックに自然を楽しむことができる西洋型リゾートです。「リゾナーレ」では体験をする楽しさを、"地域の自然と楽しむアクティビティ"として提案しています。その対象が時に自然環境であり、時に文化であり、また伝統であり、形は様々ですがどれも大人だけでも、子供と一緒でも満喫できること間違いなし！　三世代家族が一緒に過ごせる設備など、細やかな配慮も行き届いています。

OMO

ディープな街との
一体感を楽しむ
観光客のためのホテル

OMO
（おも）

街を楽しみ尽くす観光客の
ためのカジュアルなホテル
です。立地はいずれも街の
中心やディープなエリア。
エネルギッシュな商店街や
ライブハウス、バー、隠れ
居酒屋など、その街をよく
知る「OMOレンジャー」
に案内してもらって裏通り
を歩けば、その街の風情や
歴史、ライフスタイルが見
え、想像以上の街探索の面
白さに感激。コンセプトは
「寝るだけでは終わらせな
い、旅のテンションをあげ
るホテル」。「OMO5東京
大塚」では、OMOレンジ
ャーとレトロな街角で有名
和菓子の小さな老舗"本店"
を見つけ、テンションは一
気に盛り上がりました。

゙BEB゙

飲み会よりも素敵に
旅よりも気軽に
過ごせるホテル

BEB
（ベブ）

「居酒屋以上 旅未満 ルー
ズに過ごす」をコンセプト
に掲げる気軽なホテルがデ
ビューしています。1軒目
の「BEB5軽井沢」は軽
井沢の星野エリアに、2軒
目となる「BEB5土浦」は
茨城県土浦市にある日本最
大級のサイクリングリゾー
ト「PLAYatre TSUC
HIURA」内にオープン。
JR土浦駅直結の、星野リ
ゾート初となる自転車を楽
しむホテルです。「BEB」
ではチェックイン時点で宿
泊者全員が29歳以下の場
合、季節や曜日による変動
のない均一料金制のプラン
「29歳以下エコひいき」を
提供し、大好評となってい
ます。

そのほかの
個性的な
宿泊施設

遊び心が満載！
"星野"を旅する
もう一つの魅力

5つのサブブランド「星の
や」「界」「リゾナーレ」「O
MO」「BEB」に属さない
星野リゾートの施設は、
2021年3月 現在7軒。た
とえば「軽井沢ホテルブレ
ストンコート」は「星のや
軽井沢」に近く、森の中の
庭園と、その一角に佇むフ
ランス料理店「ユカワタン」
があり、迎賓文化が漂いま
す。また「リゾナーレトマ
ム」と同じ「星野リゾート
トマム」内にある「トマム
ザ・タワー」の冬はゴージ
ャス。スキーのほか、雲海
テラスやクラウドウォーク
など大自然とのダイナミッ
クなアクティビティが勢揃
い。施設ごとに土地の歴史
や魅力が満載です。

KAI-ENSHU

界 遠州

（ 静岡・舘山寺温泉 ）

日本茶に始まり日本茶に終わる
静岡茶の伝道師がお茶の魅力を発信

　世界的に健康志向が浸透する中、ヘルシーな抹茶や緑茶も注目度がますます高くなっています。浜名湖を望む「界 遠州」では、茶処に佇む旅館として日本茶の魅力を発信すると同時に、浜松の伝統工芸品である「遠州綿紬（えんしゅうめんつむぎ）」を使用して"ご当地部屋"を設えました。ご当地部屋とは、星野リゾートの温泉旅館ブランド「界」に造られる、その地域の伝統文化を表現した客室です。それぞれの「界」には興味深いご当地部屋が用意されているのです。

　この宿を訪ねるにあたり、遠州綿紬についても学びました。遠州綿紬は元々、江戸時代中期以降に織り始められたという織物であり、その生産は特に浜松周辺で盛んになりました。浜松繊維デザインのルーツと言われる所以です。見るからに手触りも優しそうな綿紬の質感ですが、実は5種類に分けられ、中でも「伝・遠州縞」「縞紬」の2種がよく知られています。現在では若手の作家さんも増え、「遠州縞プロジェクト」では新作も発表されていると知りました。「界 遠州」では、そんな伝統の紬を設え、ご当地部屋として「遠州つむぎの間」を提供しているのです。星野リゾートの温泉旅館「界」を表すコンセプト「王道なのに、あたらしい。」は、「湯治文化を継承しながらも、現代の人も快適に過ごせるよう、また地域の特性なども感じて欲しい」とした言葉です。きっとこの宿のご当地部屋からも、「界」らしい独自の地域性や伝統が感じられることでしょう。

　遠州とは、静岡県西部一帯の地域を指しています。今の都市名でいえば、浜松市を中心に、磐田市、掛川市、菊川市、さらに海辺の御前崎市のあたりまでを含み、大井川（おおいがわ）以西に広がっています。かつて"遠江（とおとうみ）"と呼ばれていたこの地方は、古

左／障子代わりに伝統工芸「遠州綿紬」の設え。温かみのある日本独自の色と縦縞模様が特徴的。右上／スタンダードの客室「遠州つむぎの間 和洋室」。右下／手入れの行き届いた茶畑が遠州綿紬の縦縞模様を彷彿とさせる。

くから農業が盛んに行われてきました。特に掛川や菊川は日本有数の緑茶の産地として知られ、付近を通過する車窓からはなだらかな丘を覆う茶畑が見え、大いに旅情を誘ってくれます。遠州地域で作られるものだけでも緑茶は22種類にもなるという驚きの数。静岡県が全国有数の生産高を誇っているのも頷けます。

　その遠州の中心に誕生した「界 遠州」では、お茶を飲み、お茶を食べ、お茶に浸かるなど、お茶に親しみ、お茶の魅力を残らず知ることができるよう、"積極的なお茶三昧"が提供されています。界ブランドの各施設には、「ご当地楽」と呼ばれる、その地域の魅力や文化に気軽に触れられるおもてなしが用意されています。この施設のご当地楽は、もちろんお茶をテーマにした「美茶楽」。静岡産のお茶を通して、美味しい淹れ方やブレンド方法など、お茶の味わい深さを再発見できるアクティビティが多数揃っているのです。

　例えば緑茶は、茶の木から摘まれた茶葉を加熱処理して発酵を妨げたもの。その茶葉にお湯を注ぎ、約1分間待ってから抽出して飲むのが最良の方法だと教えられ、美味しく飲むために待つことの大切さを知りました。さらに今回、新鮮だったのは、暑い夏には「水出しの緑茶も爽やかで美味しい」と教えられたことです。試してみれば、確かに渋みが少なく甘みのある冷茶が味わえました。

左上下／淹れ方次第で香り立つ美味しいお茶が飲めることを知る。改めて、茶葉の産地や湯の温度、茶葉の量、心づもりまで微妙に関わる繊細さに驚く。右／知らないことだらけのお茶の常識。味や香りの微妙な違いを体感。

左／摘んだばかりのお茶の新芽。これを揉んでは煎ってを何度も繰り返し、煎茶が作られる。右／日本茶は飲む、食べるほか、「茶香炉」として利用。香ばしい香りが気持ちを鎮め、リラックスや疲労回復の効果が期待される。

知れば知るほど奥が深い
「美茶楽」で学ぶお茶の世界

　スタッフの中には、お茶の魅力を詳しく丁寧に教えてくれる「日本茶インストラクター」がいます。ここ日本茶の故郷で緑茶をより美味しく味わえるよう、濃やかにお湯の温度や茶葉の分量、甘みや渋みなどについてもベストな抽出方法を指導してくれます。アジア各国の茶処では、何度となくその土地特産の緑茶をいただいていますが、日本産の緑茶ほど薫りが高く、繊細な味と美しい色合いの緑茶に出会ったことがありません。

　さて、私たちが日常的に親しむ日本茶ですが、特に現代人は茶葉をどれだけの分量を急須に入れ、注ぐお湯は何度が適温なのかといった、お茶を最大限美味しく淹れる方法や、緑茶の偉大なる効能なども知らない方が多いと言われており、それは余りにもったいないと思うのです。ここで詳細や効能は省きますが、緑茶は健康にも、美容にも、さらにリラクゼーションにも良い優秀な伝統の飲み物であることを再認識すれば、日常のティータイムがより心豊かになるに違いありません。日本にお茶が伝わったのは1200年以上も前の奈良・平安時代のこと。その頃のお茶は嗜好品ではなく、薬として使われ、貴族や僧侶ら限られた人に親しまれていました。やがて武士の間にも広がり、江戸時代には「茶の湯」として大いに親しまれ、やがて庶民へと浸透し広まっていきました。ただ、今のような茶葉が生産されたのは、18世紀の後半になってからのことだと言われています。

　知れば知るほど、日本茶の奥の深さに驚かされます。例えば、立春から数えて

左／スタッフの中には日本茶インストラクターも。まさに静岡茶の伝道師。右上／ラウンジ奥には、地元浜松や県内の
お茶農家と厳選した茶葉を用意。右下／今回の取材では特別に、茶畑で手摘みを体験。

88日目（例年なら5月2日、閏年は5月1日）にあたる「八十八夜」に茶摘みを始めるのはなぜでしょう。この時期は天候が落ち着いていることが多いので茶摘みに適していること。また、末広がりの"八"が二つ重なっていることから縁起が良いと信じられており、味も香りも極上品なのです。この日に摘んだお茶は「八十八夜摘み」と言われ、不老長寿のお茶として珍重されてきました。日本の伝統は、こうして先人の優れた智慧に育まれてきたのです。余談ですが、数年前に"秋摘み茶"に出逢いました。秋摘み茶は秋を迎えた樹勢の良い茶木から、春に続き秋に再度、柔らかい新芽を摘むのだそう。その手摘みした茶葉は上品で優しい味わいのお茶になると言います。茶の木に花が咲く秋に摘むので「花茶」とも言われるそうです。

お茶について学んだあとで
飲むお茶はいつも以上に感動的

　日本茶の種類は豊富で、私たちが日常に接するだけでも、緑茶、抹茶、玄米茶、ほうじ茶、くき茶、玉露、番茶など様々にあり、この宿では、お茶の専門店から講師を招いて知識・技術を向上させた日本茶インストラクターが、ゲスト一人ひとりに、静岡茶の魅力や知識を丁寧に指導してくれます。また、スタッフが淹れ

てくれたお茶の飲み比べを楽しむテイスティングもできることから、自分で好み
のお茶を知るきっかけにもなったのです。こうして、わずか1泊2日の滞在でした
が、正しい淹れ方を学んだ後には意識が向上し、いろいろとこだわりたくなるか
ら不思議です。学んだ後は、それぞれの茶葉に適したお湯の温度、抽出の時間、
淹れ方まで、客室でも存分にお茶を楽しみたいもの。そうなると、美味しい水に
もこだわりたくなってきます。

　今回の取材では特別に無農薬茶畑にも案内していただきました。そこで実際に
お茶農家さんと新芽の手摘み体験にもトライしました。その摘んだばかりの生葉
を、手で何度も揉んで茶葉にするのですが、この過程はとても技術が要るもので
した。最後にそれを煎って仕上げるのですが、時間をかけてなんとか自作の"マ
イ茶葉"を煎り終え、さっぱりと香り高いお茶が飲めました。

　地域の伝統文化を発信すると謳う温泉旅館「界」では、日本人のライフスタイ
ルに深く関係するお茶を通して、人と人とのコミュニケーションまでがよりスム
ーズになる演出もしてくれました。ご当地楽では、お茶の合組（ブレンド）体験
もでき、改めて日本茶の奥深さや、新鮮な魅力に触れることができ満足度、充実
度の高い滞在となりました。

左／茶処に因んで本物の茶箱を使う「茶箱朝食」。アサリ、アオサ、豆腐などを使った「浜名湖汁」も美味しい。右／「遠
州つむぎの間 茶処リビング付き和室」には、よりお茶を楽しめるよう数種類の茶葉と茶道具が揃う。

(Data)

界 遠州

静岡県浜松市西区舘山寺町399-1
☎0570-073-011(界予約センター)
客室数 33室　施設 大浴場・湯上がり処、食事処、トラベルライブラリー、
ショップ ほか　アクセス 車／東名高速道路「舘山寺スマートIC」より約10分
電車／JR浜松駅より車で約45分

5 reasons why I love it!
日本の誇り高き伝統 "お茶文化" を継承する

01

温泉

茶葉の恵みに癒やされる
老舗 "お茶処の湯殿"

緑茶を中心としたアクティビティが宿の特徴ですが、もう一つ、お風呂も特徴的です。ヒバを使った「華の湯」、ヒノキ造りの「湖都の湯」の2つの大浴場のうち、茶処らしさを満喫できるのが「華の湯」の露天風呂。茶葉を籠に詰め、露天風呂に浮かべて楽しむ「お茶玉美肌入浴」でお茶の恵みを堪能できます。お茶の魅力は飲むだけに限らず、五感で楽しめるということでしょう。温泉ではお茶の香りに癒やされ、美肌効果の期待も高まります。1958年開湯の舘山寺温泉は塩分濃度がやや高く、その地域にある「界 遠州」の温泉の泉質も塩化物強塩温泉。体を温め、疲労回復や美肌効果も謳われているのです。

02 景観

**地域の伝統文化と智慧を継ぐ
「つむぎ茶畑」と湖の共演**

穏やかな空気に包まれる宿は、庭一面に茶畑が広がり、浜名湖を望む清々しいロケーションに建っています。日本で一番長い周囲長を持つ汽水湖（海水と淡水の中間の塩分を持つ水を湛えている湖）として知られる浜名湖は、すぐ目の前。緑の山々と鏡のように静かな湖面が心を落ち着かせてくれます。付近には、舘山寺温泉の名の由来となっている曹洞宗舘山寺もあり、展望台に上れば、風光明媚な浜名湖が見渡せます。

03 客室

**"遠州綿紬"に彩られた客室は
全室が清々しいレイクビュー**

すべての客室がレイクビューで清々しい眺望。「遠州つむぎの間 和洋室」「遠州つむぎの間 茶処リビング付き和室」などが用意され、和空間と和洋折衷の空間のどちらにも浜松の伝統工芸品「遠州綿紬」が飾られています。ベッドライナーや障子などからも職人の手仕事が伝わり、江戸時代より大切に守り抜かれた伝統の遠州綿紬を、懐かしい趣きと共に、新鮮な彩りとして現代に蘇らせている作品が映えています。

04 料理

**名産ウナギと王様のトラフグ、
絶品料理と共に味わう地酒も**

浜名湖名物と言えばウナギですが、宿では、ふぐの王様・トラフグも楽しめます。オリジナル料理として、フグとウナギの贅沢な特別会席「ふぐうな会席」は通年提供。また秋と冬には「ふぐづくし会席」も登場します。近年では遠州灘から熊野灘にかけての水域は、トラフグの好漁場として注目されているのです。「ご当地朝食」は、茶箱を使った「茶箱朝食」をアサリとアオサの浜名湖汁と共に提供します。

05 アクティビティ

**お茶に始まり、お茶に終わる滞在
ヘルシー＆ビューティをゲット**

なんと言ってもお茶が主役です。地元浜松のお茶屋さんや、日本茶インストラクターの資格を持つスタッフが講師となり、静岡のお茶の魅力や本来の日本茶の淹れ方を正しく学んでいきます。飲み比べをした3種類のお茶の中から好みのものを組み合わせてブレンドする「合組体験」をはじめ、季節ごとにお茶を楽しむ多彩なアクティビティが用意されています。きっと、日本茶に対する関心がより高まるはずです。

KAI-IZUMO

界 出雲

(島根・玉造温泉)

神話、手仕事、そして海の幸……
「縁結びのまち」出雲の多彩な魅力

島根の冬はカニが主役。山陰沖で獲れる成長した雄のズワイガニを「松葉がに」と呼ぶ。旨味が凝縮された甘くて上品な最高級品。もちろん「界 出雲」でも、冬には「松葉がに」の会席料理が振る舞われる。

　島根県北東部に位置する出雲市には、“縁結びの神”として知られる出雲大社が鎮座しています。でも、出雲地方にあるのはそれだけではありません。シジミで有名となった宍道湖や、国宝・松江城を有し“水の都”と呼ばれる松江エリアでは、観るもの、聞くもの、触れるもの、そして食べるものも、すべてが“メイド・イン・出雲”と言っても過言ではないのです。出雲平野では農業が盛んですが、日本海や宍道湖に面しているため漁業も盛んに行われ、「出雲は食材に恵まれた町」として豊かな食文化が栄え、今に継承されてきました。冬から早春までの期間限定で、愛好家が目の色を変える“カニの季節”には、日本全国からタグ付きの貴重な高級ガニ「松葉がに」を食べに多くのグルメが訪れます。静かで落ち着いた町として一見地味な印象があるのですが、私は、何度か出雲を訪ねるうちに新たな魅力を再発見、次には再々発見というように、徐々にこの出雲という地に魅了されてしまいました。すべての神様が日本中から集まるという出雲の魅力を、ここ「界 出雲」を通して紐解いていきましょう。

　『古事記』の物語の舞台として登場する出雲には、幾つもの神話や伝説があり、“全国の神様たちが集う神秘の古社を持つ神話の国”として伝承されています。旧暦10月11日から17日までの間、全国の神様は出雲へ集まり、神と人が司る伝統行事「神在祭」が行われます。そのため、神が集まる出雲地方では10月のことを「神在月」と呼び、ほかの地方では「神無月」と呼んでいます。そして全国の神様は、

左／道路からは少し奥まったところに建ち、贅沢な個人の邸宅を思わせる宿。右上／紙芝居形式で説かれる玉造温泉開湯の物語は興味深い。右下／古くから美肌の湯として知られる玉造温泉を引く客室露天風呂の一例。

10月17日になると出雲大社をお発ちになり、それぞれの地に帰ると伝えられています。この重要な「神在祭」の1週間に農業や男女の縁結びについて会議をすることを「神議り」と言い、出雲大社の御祭神で縁結びの神である大国主大神さまと、八百万の神々にご神縁を結んで欲しいと願う多くの人々が、今もなお全国から参拝に訪れているのです。ほかにも、『古事記』に登場する「因幡の白兎」など、出雲には多くの神話が今なお語り継がれており、本当に神様が宿る土地なのではないか……という気がしてきます。

神様のお湯を宿す温泉旅館
初めて向かう出雲に期待感

そんな出雲に根を張る「界 出雲」では、温泉旅館ブランド「界」の主軸となるコンセプト、「王道なのに、あたらしい。」の通り、土地の伝統や文化、工芸、食など、地域をテーマにした新旧の"そこにしかない体験"を提供しています。果たして、何が王道で、何が新しいのか、ワクワクしながら宿に向かいました。山陰を代表する人気温泉地・玉造温泉の中心地にある「界 出雲」は、玉湯川沿いに、緑のこんもりとした山を借景に佇んでいます。道路から少し奥まって建つ瀟洒な数寄屋造りの日本家屋が「界 出雲」です。玉造温泉は由緒ある日本最古の湯の一つとして、約1300年前、西暦733年編纂の『出雲国風土記』にも記されていた"美人の湯"を有しています。そのお湯について、宿は「天然の化粧水のようにな

めらかな神の湯」と説いています。

　神の湯を宿す「界 出雲」の館内に一歩入ると、ショップの棚には出雲の名産品や、芸術的な伝統工芸品などが並べられ目を惹きます。また、客室へと向かう通路にも、さらに途中のライブラリー空間にも地元や県内の工芸品が飾られており、到着時から伝統文化の豊かさに触れることができました。

島根文化の継承と宿の関わり
使われてこそ輝きを増す工芸品も

　島根の風土が生んだ匠のものづくりは、先人たちから代々継承され、今もなおその技術は脈々と継がれています。しかし、伝統工芸を継ぐ難しさは、いずこも同じ問題を抱えていると言います。今回「界 出雲」を訪れて、地元の若手工芸職人たちが結成した「シマネRプロダクト」のことを知りました。伝統技術を次世代へ繋ごうと、5名の若い職人たちが2012年に発足したグループで、"R"の文字には多くの思いが込められていました。技術を次世代へと繋ぐ「RELAY」、ものづくりの姿とニーズを一新する「RENEWAL」、新しい価値観で再生する「REBORN」をテーマに、革新的なものづくりをしたいと言うのです。そして、ヒト・モノ・コトの未来のステージ、新たなステージをつくりだす職人たちの革命「REVOLUTION」でもあると、彼らの発行する新聞大のリリースに、作品の写真と共に大きく発表されていました。

左／ご当地部屋の行灯。右上／ロビー天井近くに影絵が映る。「因幡の白兎」がモチーフ。右下／朝食に出される「うず煮」。"福をもたらす"と言われるフグの出汁に、ご飯を入れて食べる雑炊風の一品。

　'13年、彼らのディレクションにより、鉄や木、和紙、ガラスなどを配し、リニューアルされた「界 出雲」のご当地部屋「出雲匠の間」が見事に完成しました。組子細工の美しい天井には釘や金具は使われていません。余りの美しさに見入ってしまった天井は、思想家・美学家である柳宗悦により提唱され、山陰で発展した民藝（観賞用ではない実用性を備えた工芸品）の素朴な美しさを伝承する吉原木工所の吉原敬司氏の技によるものでした。

　行灯は、江戸時代から続く刀剣製作の技術が活かされた鉄工芸品。斬新なデザインが注目されています。作者は鍛冶工房弘光の11代目、小藤 宗 相氏。小藤氏はシマネRプロダクトの発起人でもあります。

　島根には、西部の石見地方で生産され、島根を代表する国の重要無形文化財指定の「石州和紙」があります。ここ「界 出雲」のご当地部屋では、1300年の伝統を継承する石州和紙職人であり、西田和紙工房の8代目として活躍している西田 勝 氏の手による「流し漉き」の和紙が襖として使われていました。石州和紙は、石州半紙が2009年に手漉き和紙として初の「ユネスコ無形文化遺産」に登録されており、とにかく丈夫で特有の温かみがあります。この宿での滞在中に、私たちが大いに楽しんだ石見神楽の演目「大蛇」では、大暴れする大蛇にもこの和紙が使われていました。また、挽物轆轤による木製の花瓶は、濱田工房の濱田幸介氏が手掛けたものであり、客室内に置かれた木製茶托も同氏の作品でした。共に

左／挽物轆轤による温かみと熟練の技術を感じさせる花瓶。シンプルでありながらも、職人技のオーラが際立つ。右／ご当地部屋「出雲匠の間」。格調高い伝統工芸品に囲まれて眠る優雅で贅沢な客室。

左／シンプルで現代的なデザインの襖には、伝統的工芸品である石州和紙が貼られている。右／毎晩、宿泊客を神話の世界に誘う石見神楽。美しい和紙の大蛇は迫力満点で、演者はすべてスタッフだと知れば楽しみも倍増。

洗練されたフォルムと温かみが特徴的です。出雲市出身で吹きガラスを造る作家の布野 康氏（Zap glass studio）は、生命の源である水や自然をモチーフにし、型を使わない宙吹き製法で、トロリと溶けたガラスそのままに独特のフォルムを作り出す実力派です。宿の中には、布野氏の作品も展示されています。彼ら5名の作品は、'13年1月にパリで開催された世界最高峰のインテリア見本市「メゾン・エ・オブジェ（MAISON & OBJET）」に初出展しました。"インテリア業界のパリコレ"と呼ばれるこの見本市でも高く評価され、頼もしい若手の伝統後継者たちが活躍していると知りました。

　地元の工芸品で飾られた宿では、夕食後に毎晩開催されるご当地楽も楽しみです。神話を身近に感じて欲しいと、エントランスロビーに造られた舞台で、大迫力の舞「神楽」を披露してくれます。この日の演目は出雲神話の一つ、ヤマタノオロチ伝説を題材にした石見神楽の「大蛇」でした。八つの頭を持つ大蛇に捕らえられたクシナダヒメをスサノオノミコトが救う、よく知られた物語。スサノオノミコトが大蛇を日本酒で酔わせ、退治するシーンがクライマックスの迫力ある舞でした。演者たちが鍛錬を積んだスタッフであることを知れば、心のこもったもてなしには感謝しかありませんでした。

(Data)

界 出雲

島根県松江市玉湯町玉造1237　☎ 0570-073-011(界予約センター)
客室数 24室
施設 大浴場、湯上がり処、食事処、トラベルライブラリー、ショップ、茶室 ほか
アクセス 車／山陰自動車道 松江玉造ICより約10分、出雲空港より約40分
電車／JR松江駅より車で約20分、JR玉造温泉駅より車で約5分

5 reasons why I love it!

出雲の神話と確かな手作業を誇る豊かな文化

01

温 泉

名湯の湧く老舗温泉地と
若い力漲る宿の温故知新

大浴場の湯船中央には神社の祠を象った湯口が設置され、"神の湯"とも、"美肌の湯"ともいわれる老舗温泉・玉造温泉を満喫できます。玉造温泉は『出雲国風土記』に、「ひとたび濯げば形容端正しく、再び浴すれば万の病ことごとに除こる」と記されるほどの名湯。「界 出雲」では「うるはし現代湯治」として、より温泉を楽しみ、温泉の効果を高める入浴法なども丁寧に指南してくれます。温泉をたっぷり染み込ませた「源泉パック」は、より美肌効果を高めてくれるといいます。全客室が露天風呂付きですから、到着からチェックアウトまで、滞在中は温泉三昧といきましょう。

02 景観

山に抱かれる安心感と玉湯川の流れ
宍道湖に寄り添う老舗の名温泉地

穏やかで心静かに落ち着けるロケーションは、借景に迫る山、前景に玉湯川と整地された遊歩道が走る、玉造温泉街のまさに中心地です。周辺には老舗温泉旅館や小さなショップ、お洒落な土産物屋さんも並び、散策には"ちょうど良い"温泉街の雰囲気が漂っています。名湯・玉造温泉の源泉が湧き出す手湯「湯薬師広場」へも徒歩で8分ほど。玉湯川沿いに造られた足湯までは約6分。ぜひ温泉街を散策してみて。

03 客室

全室露天風呂付き純和風の客室で
玉造温泉の「神の湯」を堪能

ゆとりある広さ（46～52㎡）の純和風客室すべてに、檜か信楽焼の露天風呂が備わり、プライベートな温泉三昧が可能。特に1階のご当地部屋、信楽焼露天風呂付きの「出雲匠の間」は、伝統工芸を継ぐ若手職人グループ「シマネRプロダクト」がプロデュースをした美しい部屋です。この部屋は現代風にアレンジされた伝統工芸品に加え、柳宗悦が提唱した民藝の重厚感が映える唯一無二の特別室と言えます。

04 料理

滋味あふれる出雲のシジミや
待ちきれない冬の松葉がに

特に冬の期間はカニ尽くしが何よりも人を惹きつけます。タグ付きの高級松葉がにを使うオリジナルの調理法「蟹の奉納蒸し」をはじめ、「焼き蟹」、「蟹刺し」など贅沢な会席料理はどれも絶品。ノドグロとシジミでとった出汁でいただく「しじみ牛しゃぶ」の特別会席料理も地元ならではの贅沢。またご当地朝食には、出雲大社の祭祀を執り行う出雲国造家に受け継がれる伝統料理「うず煮」の和食膳が提供されます。

05 アクティビティ

伝統息づく出雲地方に浸る
茶の湯、地酒、神社参拝も体験

松江に息づく茶の湯文化、そのルーツは茶の湯を極めた松江藩主・松平不昧公にあり。そこで毎日開催されるのが、三斎流の亭主のお点前による「茶の湯体験」。優しく教授されながら茶の湯が楽しめます。そして日本酒は島根発祥と言われ、県内には多くの酒蔵が味を競い合っています。宿の日本酒BARでは常に30種類以上の地酒が用意され飲み比べも可能。周辺を巡る「出雲周遊 ご縁参りの旅」も提案中です。

KAI-TSUGARU

界 津軽

（ 青森・大鰐温泉 ）

冬の津軽はリンゴと雪と老舗温泉
そして津軽三味線の響く郷

　学生時代から旅好きだった私にとって、かつて仕事でスイスに暮らしていた頃にガイドをしていた男性から言われた言葉が胸に残っています。「寒い地域に旅をするなら、寒い季節を選ぶといい」と。私の冬旅の仕方は、この言葉をきっかけに大きく変わりました。アルプスに抱かれた美しい村・グリンデルワルトでのこと。冬になると村は白銀の世界と化し、世界中から多くの人々がスキー休暇にやってきます。先の言葉は、この村で生まれて、夏も冬もプロのガイドとして活躍する人がかけてくれた言葉でした。以来、私の脳裏には「寒い地域の魅力は寒い時が最も輝く……」と刻印のように刻まれ、北へと向かう冬旅の指針になっているのです。

　ある年の2月、青森県の「界 津軽」に向かう機会を得ました。まさに私の冬旅のセオリー通り、真冬に寒い地域へ向かう旅でした。当日はあいにくの悪天候。飛行機が飛ばないかもしれないという大雪予報で、飛行機はギリギリの選択を迫られていたのですが、チェックイン時には「飛んでも、青森空港に降りられない場合は羽田空港に戻ります」と地上スタッフから了承を迫られました。人生初となった未踏の青森県への旅は、こうしてエキサイティングに始まったのです。青森上空を50分も旋回していた機内では、機長からのアナウンスに乗客が一喜一憂。55分が過ぎたまさにその時、最後の最後の決断のアナウンスが流れました。

津軽の長い冬は北国らしい厳しい寒さに覆われ、その中で培われた文化は魅力に溢れている。雪が深々と降りつのる津軽の夜に、温泉に浸かり、温かい料理をいただく。そんな冬旅も待ち遠しい。

「皆様、今から着陸態勢に入ります。シートベルトを再度……」という機長の言葉に拍手が起こったのです。あと5分で羽田空港へUターンでした。真冬の雪国の厳しい洗礼を受けなんとか空港に着陸。先が見えないほど降り続ける雪の中を、予約したレンタカーでカメラマンと共に走り始めました。ホワイトアウトの中を注意深くノロノロと、歩くような速さで向かったのです。

やっと到着した「界 津軽」では笑顔の出迎えにホッとため息。これが初青森旅の始まりでした。ここには津軽文化を凝縮させ、訪れる旅人に五感で体感してもらおうと様々な仕掛けが用意されていました。代表的なのは、毎夜、夕食後に生演奏で開催される津軽三味線の演奏会です。広々としたロビーには美しく華麗な大壁画が飾られています。弘前の桜、八甲田山の紅葉、津軽海峡の大波を描いた迫力のある陶板画であり、加山又造画伯の「春秋波濤」という作品です。この大壁画の前で、マイク無しの「生音」にこだわった津軽三味線が聴けるとあって、興奮しながら夜を待ちました。悪天候でゲストが少なかったこともあり、私は最前列に座り、幻想的な陶板画を背に奏でられた津軽三味線に震えました。圧倒的な迫力の演奏に体も心も感動に浸っていたのです。

想像できますか？ 叩くようにバチで弾く津軽三味線の迫力と、魂に響く郷土の音色を。民謡に詳しいわけではありませんが、ス〜っと引き込まれた「津軽じょんから節」。青森三大民謡の一つとして最も知られたこの曲は、やはり最後の演目として披露されました。演奏終了後、プロとして活躍する渋谷幸平師匠と言葉を交わしたところ、「津軽じょんからは、今夜のように雪の深々と降る静か〜な夜に聴くのが、一番魅力が伝わるかな」と嬉しそうでした。冬の長い津軽地方

左／師匠の両脇で演奏するのは、時を惜しむように厳しい練習を重ねた「界 津軽」の女性スタッフたち。ゲストの前で堂々の演奏を披露する。右／客室棟の廊下に映し出された美しい天井アート「木漏れ日kogin」。

左・右下／客室の障子や、懐かしく優しい光を放つ行灯にも「津軽こぎん刺し」の模様が。右上／「津軽こぎん刺し」のシンメトリーなデザインは、変わらぬ伝統と同時に洗練された印象も。私たちも一針一針刺してみた。

には、冬を乗り越えるために人々の暮らしの中に様々な生活の智慧が息づいています。歴史、民芸、慣習、食文化、民謡など、津軽地方のライフスタイルには越冬のための独自の伝統文化が継承されていました。この旅をきっかけに好きになった青森。今回の青森旅は、嬉しいことに3度目となりました。

先人たちの残した伝統を今に継ぐ
真摯な心意気が津軽人の魅力

　今回の「界 津軽」滞在では、津軽三味線という青森に欠かせない伝統継承に精進する若い女性スタッフに会えました。いつもの夜の演奏会では、施設のスタッフである女性二人が舞台上の渋谷師匠の両脇に座り、共に素晴らしい演奏を聴かせてくれたのです。毎日、毎日、時間があれば練習を重ねていたという彼女たち。今や全国大会の団体戦メンバーにもなっていると聞けば頭が下がります。初めてこの宿を訪れたあの豪雪の時、師匠からは「彼女たちが舞台に立つにはもう少し」と聞かされていましたが、あれから数年、大きな成果を見た瞬間でした。

　さて、「界 津軽」のご当地部屋は「津軽こぎんの間」と呼ばれています。素朴で清楚な津軽の伝統工芸「津軽こぎん刺し」を体感できる部屋として、青森県出身のグラフィック・デザイナーである山端家昌氏の監修で誕生しました。こぎん刺しの模様が現代風にアレンジされ、モダンなインテリアとして客室を飾っています。誕生から300年以上も継承される伝統工芸の津軽こぎん刺しは、かつて弘

左／秋から冬に津軽を訪れたならこれを食べずにいられない。"黒いダイヤ"「大間のマグロ」がたっぷり盛られた漬けマグロ丼。右／朝食のメインは津軽の郷土料理「貝焼き味噌」。大鰐温泉の熱で熟成する津軽味噌を使用。

前地方を中心とした農家の女性たちの間に広まった手仕事に端を発していると伝わります。津軽地方が木綿栽培に適さない寒冷地だったこと、寒い冬でも麻布の衣類しか着ることができなかったことなどから、冬期の厳しい寒さを凌ぐために布地の補強と保温をしようと、麻地の粗い織り目を数えながら、1種類または数種類のステッチを自由に組み合わせて模様をつくる技法で、一針一針と刺し塞いでいったそう。これが"こぎん刺し"であり、いつしか伝統工芸品として地方を代表するようになりました。

　こぎん刺しの模様の種類は200とも300とも言われるほど豊富で、身近な動植物や直線的な市松模様など、日常の素朴なテーマを主流としています。長い冬、農作業のない時期の家内手芸として広まったこの手仕事は、技を極めながら受け継がれ、いつしかモダンな民芸品「kogin」として認知されるようになりました。ある時、フランスの老舗手芸糸メーカー・DMCがこれに注目。仏企業として初のメイド・イン・ジャパン品としてメタリック刺繍糸「Diamant」を発表し、津軽こぎん刺しは、世界デビューを果たすこととなりました。

控えめで強くて温かい津軽の人々や
美味しい津軽を知るのも魅力

　ところで「界 津軽」が佇む大鰐温泉は、弘前市の南東、平川のほとりにある古湯であり、800年もの歴史を誇っています。建久年間に唐僧・円智上人が発

見したと伝えられ、江戸時代には津軽藩の湯治場として栄えたと言われています。1895年には奥羽本線陸奥大鰐停車場が開業。交通の便が良くなりインフラが徐々に整備され始めると、遠方からの湯治客も増え温泉地は発展を遂げていきました。大正時代になると歓楽街ができ、津軽の財界人たちが争うように大鰐温泉地に別宅を持ったそうです。その当時の派手さは時代と共に薄れましたが、今もなお、大鰐温泉の良質なお湯は多くの人に親しまれています。

「界 津軽」では、県木であり香木とも呼ばれる青森ヒバを大浴場の湯殿に使い、青森を代表する果実・リンゴを浮かべた「大鰐温泉りんご風呂」など季節感が楽しめます。さらに、リンゴの料理、甘酸っぱいリンゴ紅茶……と、リンゴ尽くしのもてなしでリンゴの魅力が満載です。本当の話ですが、「界 津軽」のリンゴ体験をきっかけに、日常でもリンゴをよく食べるようになりました。旅の醍醐味は、訪れた目的地の魅力にどっぷりと浸かり、未知のものに触れ、知らない土地で人に出逢い、その土地の名物を食べること。そんな旅の魅力のたくさん詰まった「界 津軽」は、津軽の誇りを宿した宝石箱のような宿でした。

左／青森ヒバの湯船に青森を代表する果物・リンゴを浮かべた「りんご風呂」。右／宿の庭に冬だけ登場する「かまくら」の中で、熱々のリンゴジュースまたはリンゴを使ったホットカクテルなどをいただける体験も（有料）。

(Data)

界 津軽

青森県南津軽郡大鰐町大鰐字上牡丹森36-1　☎ 0570-073-011（界予約センター）
[客室数] 41室　[施設] 大浴場、湯上がり処、食事処、
トラベルライブラリー、ショップ、koginラウンジ ほか
[アクセス] 車／東北自動車道 碇ヶ関ICより約20分
電車／JR大鰐温泉駅より無料送迎バス（要予約）で約5分

5 reasons why I love it!
温泉、リンゴ、三味線、海鮮。津軽の冬を満喫

01

温泉

**青森ヒバの湯殿でゆったり
湯治に使われた古湯に浸かる**

「界 津軽」には、東北の温泉旅館らしい素朴な趣と、津軽地方の人々が頑なに守る誇り高き文化や伝統が色濃く演出されています。特に温泉とリンゴは宿内でも主役級で、大いに楽しめます。大鰐温泉をたっぷり満喫できる大浴場では柔らかでとろりとした良質な温泉に癒やされ、季節によってはリンゴを浮かべた「りんご風呂」が登場。青森ヒバの湯殿でゆったりと手足を伸ばし、リンゴの浮いた湯に浸かれば、果実の香りに心身共に癒やされます。古くから療養にも使われてきたという東北の名湯の真髄を、森林浴と同様の鎮静効果成分を含むといわれる青森ヒバの湯殿で楽しみましょう。

02 景観

**津軽の奥座敷として歴史を刻む
老舗温泉地のレトロな町並み**

宿のある大鰐温泉街は平川沿いに広がっていて、"津軽富士"として地元で親しまれ信仰の山として崇められる青森最高峰・岩木山も望めます。同じく星野リゾートの「青森屋」「奥入瀬渓流ホテル」巡りは日帰りドライブでも可能。弘前城まで車で35分、電車なら10分と近い距離です。また車で50分も走れば世界自然遺産の白神山地に到達します。冬以外なら、ブナ原生林での森林浴は最高の散策でしょう。

03 客室

**"こぎんアート"と青森工芸品
客室内は工芸品の美術館のよう**

2019年4月に全41室がご当地部屋「津軽こぎんの間」に改装されました。伝統柄をモダンにアレンジしたもの、シンメトリー柄など、基礎模様である"モドコ（こぎん刺し模様の一つひとつ。津軽弁で「元になる」を意味）"を使用したアートワークの「こぎんウォール」や障子、行灯など、客室ごとに異なる模様を採用。5タイプの客室はどれも「津軽こぎん刺し」が特徴的に彩られています。

04 料理

**地元産にこだわる青森グルメ
山海の幸や地酒で豊かな食文化**

豊かな漁場に囲まれた青森県産の海産物や、野菜や果物など新鮮食材で作られる料理は、郷土料理を中心に、青森の地酒と共に充実。春には青森自慢のこぶし大「とげくり蟹」、夏は「アワビ」の季節、秋から冬にかけて、"マグロの最高峰""黒いダイヤ"と言われるブランドマグロ「大間のマグロ」の水揚げがあり、これらを堪能できる特別会席が提供されます。「ご当地朝食」には郷土食「ホタテの貝焼き味噌」が並びます。

05 アクティビティ

**津軽の伝統を"ご当地楽"で
見る、聴く、試す**

通年の「ご当地楽」は、毎晩開催される迫力ある津軽三味線の生演奏。全身で奏でられる演目を聴くたびに、津軽の魂に触れるようで鳥肌が立つほど感動的。また「津軽こぎん刺し」の体験では、簡単にできるようにアレンジされたオリジナルの紙製シートを使って「しおり作り」に挑戦できます。有料の「ねぶた絵付け体験」や奥入瀬渓流沿いをドライブする「渓流オープンバスツアー」などもおすすめです。

星野リゾートのサステナブルな取り組み

　日本を代表するリゾート運営会社「星野リゾート」は、創業の地である軽井沢において、すでに環境問題に深く取り組んできました。2003年3月には、「軽井沢ホテルブレストンコート」にて、長野県主催第1回「環境配慮型宿泊施設の運営に係るシンポジウム」が開催され、基調講演に続いて星野リゾートが2000年から取り組んでいた"ゼロエミッション（排出物ゼロを目指す）"の事例発表がありました。また、星野リゾートの「ゼロ委員会」の活動は、「グリーン購入ネットワーク 第6回グ

ゼロエミッションの取り組み

軽井沢ホテルブレストンコートの資源ステーション。

星野リゾートの軽井沢事業所が「ゼロ委員会」を立ち上げたのが1999年のこと。「星のや軽井沢」「軽井沢ホテルブレストンコート」で発生する環境負荷の高いゴミを資源として移行することから始め、最終的には乾電池も資源化に成功。2011年11月には廃棄物再資源化率100％に達したのです。社員全員でゴミを29種類に分別することから始めた努力が実を結んだ結果です。'21年現在、世界中を見渡しても、ゼロエミッション達成のホテルやリゾートはそう多くありません。

敷地内の水力発電所と持続可能な自然エネルギー

「星のや軽井沢」施設内における水力発電は、すでに星野温泉旅館開業の翌年1915年から木製水車を利用した自家発電で電気をまかなってきた歴史があります。さらに温泉施設では、掛け流しで常時排水される温泉（排湯）から採熱した熱をエネルギーとして利用できますし、採熱により温度が下がった排水は自然への負荷も小さくなります。ほかにもヒートアイランド現象の元凶である冷房による排熱を回収するなど、熱エネルギーを移動させるヒートポンプも活用しています。「星のや軽井沢」の床暖房は、コンクリート打ち込み式の蓄熱方式で、より安価な深夜電力とヒートポンプで生まれるグリーンエネルギー（環境負荷の少ない自然エネルギー）が利用されているのです。

星のや軽井沢の水力発電所（左）と、星野温泉旅館時代の水力発電所（右）。

リーン購入大賞環境大臣賞」、第1回「エコツーリズム大賞」も受賞して
います。そして'11年11月、「星のや軽井沢」と「軽井沢ホテルブレス
トンコート」の両施設が、業界初となるゼロエミッション達成に至った
ことも画期的でした。今や社会的責任としてどの企業にも求められる環
境活動。企業は気候変動に敏感に反応し、SDGsやエコロジー分野に無
関心ではいられない時代です。星野リゾートが設立当初より取り組む地
道な環境活動について、お話しします。

「星のや」ブランドの
ペットボトル・フリー

星のやで採用しているウォータージャグ。

「星のや」では、客室でのペットボトル入りウ
ォーターの提供を廃止し、ウォータージャグ
を設置しています。まずは「軽井沢野鳥の森」
を水源とした自家水道を持つ「星のや軽井沢」
と、「星のや竹富島」の2施設から始めました。
「星のや竹富島」では、八重山諸島の海水を
淡水化した自家水道の整備も進めています。
そのほかの「星のや」でも、2021年以内に
達成予定とのことです。このウォータージャ
グは、プラスチックごみ削減という社会問題
の解決を目指す4者（星野リゾート、secca
inc.、石川樹脂工業、Amazon）の企画・
開発により生まれました。サステナブル活動
と"自然との共存"のために共動するコラボレ
ーションが始まっています。

野鳥の森の保全と
エコツーリズム

軽井沢の地では昭和中期より、日本野鳥の会
の創設者・中西悟堂氏を師と仰いだ星野温泉
旅館2代目の星野嘉助（現星野リゾート代表・
星野佳路氏の祖父）による野鳥の保護活動が
行われており、1974年には環境庁が軽井沢
星野エリアに隣接する森を国設軽井沢野鳥の
森として指定。現代表は'92年に「野鳥研究
室」、'95年には「ピッキオ」を創立しました。
「ピッキオ」は地域の生態系の保全、自然との
共存、環境活動、野生動物保護などに理解を
深めてもらおうと、バードウォッチングやム
ササビなど野生動植物との出会い、星空観察
など、軽井沢の星野リゾートのゲストにアク
ティビティを提案しています。

多岐にわたる野生動物の専門家集団・ピッキオの活動。
その一つにはツキノワグマの保護管理事業も。

リゾナーレトマム

（ 北海道・占冠 ）

雪遊びからウェディングまで
ダイナミック・リゾートの極意

なんとも可愛らしいデザインの客室は「雲スイートルーム」。2017年6月に誕生した1室のみの特別な客室で、ベッド、バスルーム、アメニティなどすべてがファンタジック。フワフワの雲デザインが印象的。

　北海道の新千歳空港に降り立ち、幾つもの町や高原地帯、山や林を走り抜け、まだかまだかと気の急く中、やっと急勾配の山が近くなってきた頃、突然、山間に空高く伸びる4棟の高層建築が現れました。「星野リゾート　トマム」内にある二つのホテル「リゾナーレトマム」と「トマム ザ・タワー」です。ここは北海道のほぼ中央部に位置する占冠村。約550年前までは、先住民族アイヌの人々の暮らした自由な土地"アイヌモシリ（人間の大地)"でした。

　占冠村の面積を数字で追うと、なんと総面積571.41㎢。東京23区とほぼ同じ大きさがあるといいます。土地の94％が山林に覆われ、夏はとても涼しく、冬は時にマイナス30℃の厳寒の日もやってきます。印象的な村の名前"占冠"の由来はアイヌの言葉にありました。「シモカプ」という言葉に由来し、意味は"とても静かで平和な上流の場所"。その名の通り、占冠はリゾートの聖地のようであり、現在は「星野リゾート　トマム」の施設が点在する別天地となっています。

　春夏秋冬、それぞれに違う色に染まる自然。いつ訪れても私たちを深く魅了してくれる自然環境のトマムですが、今回、私が訪れたのは2020年冬、2回目のトマムでした。新年を迎えたばかりの1月、スキーシーズンの真っただ中のリゾートは見える景色が雪に覆われ、北欧で見る童話の挿絵のような美しさでした。スタッフに「今年は雪がとても少ない」と言われながらも、上質のパウダースノーの山を滑降する大勢のスキーヤーが喜びを爆発させているようでした。

左／冬の魚介類は旬で上質。ホタルストリートで食べたダイナミックな「こぼれ寿司」。右上下／３月の晴れた日のみ、突如ゲレンデの片隅に現れる「絶景シャンパンバー」。時間も場所も告知がないため、出会えたら幸運！

澄んだ青空と白い大地
真冬のトマムを満喫

　到着翌日、冷たい空気がピリッと張り詰める快晴の早朝のこと。雲海ゴンドラに乗って13分、標高1239mのトマム山頂上にグンと迫りました。山頂付近には大人気となっている噂の「雲海（霧氷）テラス」があります。やはりこの施設の最大のハイライトでもある"空中散歩"をしないわけにはいきません。雲海テラス周辺は快晴でしたが、寒さは想像以上に厳しいものでした。この日、雲海は見られませんでしたが、ブルーの空に映える占冠村を俯瞰で見る感動は記憶のアルバムにしかと刻まれました。真冬ならではの霧氷、樹氷、さらにキラキラと空中をただようダイヤモンドダストも見ることができたのです。そしてCloud Barに座り、雄大な日高山脈や周囲の雪景色を眺めていたら、あまりの美しさに別世界へと誘われ、肌を刺す極寒の強風も、時の流れも、すっかり忘れていました。

　雲海テラスの前身となった山のテラスのテスト営業は、'05年の夏に始まりました。スタッフの心配をよそに、２ヵ月間で900人もの人が訪れ、翌年には正式に雲海テラスの営業がスタート。'07年には1万7000人が訪れる大ヒットを記録したといいます。その後も進化を続け、'15年9月にはCloud Walkが誕生。まるで宙に浮いたような雲上のデッキを歩くのです。この時に足元や眼下に雲海が現れていたら、本当の雲上のウォーキングとなるでしょう。こうして、冒険心と浪漫溢れる雲海テラスの醍醐味は、あっという間に日本中に知れ渡り、'18年には、累計100万人の来場を達成したのです。今後、この空中庭園のような雲海テラスがどこまで進化を続けるのか、楽しみなばかりです。

　"自然を遊びつくす特別体験"と謳う施設ですから、天空だけではなく下界でも、繰り広げられるアクティビティやサービスには驚きの連続でした。その一つ、「絶景シャンパンバー」はまさに想定外。日本初という冬山での移動式バーが、3月の天気の良い日にスキー場内のどこかに現れます。雪上バーそのものが雪上車に牽引され、スキー場内を遊覧し、いつどこに現れるか分からないという不定期型のバーがスキーヤーたちを驚かせます。サプライズは夜にも続きました。冬の風物詩である「アイスヴィレッジ」では、アイスリンクのある「氷の広場」や氷のドームが、幻想的なイルミネーションに照らし出されています。幸運にも、この夜、結婚式を挙げるカップルに出会ったのです。氷の教会の中で挙式を済ませた二人は、周囲の観光客からも祝福を受け、空に打ち上げられた「祈りの花火」で結婚式が締めくくられました。この氷の教会は、"二人の純粋な気持ちが途切れなく続くという意味を持つ、継ぎ目のない一枚氷でできた教会"とか。遊び疲れるほどの施設が整う「リゾナーレトマム」。一日中遊んで、食べて、贅沢な部屋でぐっすり眠る。まさに非日常であり、リゾートの極意を堪能できます。

左／毎年、冬の夜だけ現れる幻想的なアイスヴィレッジの氷のBar。色鮮やかなカクテルは、氷のグラスで提供される。
右／氷の教会で挙式した二人を祝福する花火が夜空を彩る。

(Data)

リゾナーレトマム

北海道勇払郡占冠村字中トマム　☎0167-58-1111
客室数 200室　施設 レストラン＆カフェ、雲海（霧氷）テラス、ミナミナビーチ、
Books＆Cafe ほか　アクセス 車／道東道 トマムICより約5分
電車／JRトマム駅より無料送迎バスで約10分
※新千歳、旭川、帯広空港よりバス（リゾートライナー）あり

5 reasons why I love it!

冒険心を刺激する北の大地で自然を遊び尽くす

01

リゾートの在り方

日常をすっかり忘れて
豪快な自然に抱かれる幸せな時

トマムでは、季節ごとに変貌を遂げる広大な自然がいつでも温かくゲストを迎え入れ、その季節なりの最大級の美しさを披露してくれます。特にリゾートでは、自然と戯れることが臆病な都会人にも触れ合う喜びを開眼させてくれます。客室も北海道らしいダイナミックな意匠や、遊び心のあるデザインが休暇を過ごすリゾートならでは。広さも充分に取られ、贅沢そのものです。美味しい食事はもちろん、期待を裏切らない北海道ならではの新鮮食材やレストランが揃っています。こんな好環境ですから、滞在しながら自然を敬う気持ちがふつふつと湧いてきて満足度の高い滞在となるでしょう。

02 景観

空へと伸びる高層建築と
どこまでも続く雄大な大地

開放感のあるダイナミックなランドスケープの中で、スポーツも遊びも思う存分に堪能して、森と山と天空と自由に戯れることができます。ホテル棟周辺は見通しのいい丘陵地、その周囲には小高い山々が連なり、大自然が奏でる絶景は四季を通して甲乙つけがたいものです。その景観をいかし、2020年12月には、雪景色を見ながら仕事ができる「絶景オフィス」が誕生！ リゾートでリモートワークも可能です。

03 客室

全室がモダンなスイートルーム
展望ジェットバスとサウナ付き

トマムの森にそびえる32階建ての高層ツインタワー「リゾナーレトマム」には全200室が揃っています（もう一方の「トマム ザ・タワー」は全535室）。全室スイートルーム仕様で広さは100㎡以上、さらにワンフロアに4室のみという設定も贅沢です。ミニバーなどを備えた「デザインスイート」や、赤ちゃんと一緒でもストレスなく滞在できるように考えられた「ままらくだスイート」ほか、コンセプトルームも。

04 料理

その時の気分で選べるロケーション
長期滞在にも飽きない豊富な食事

3つの海に囲まれた北海道の内陸で、豊饒な大地に恵まれたトマム。海鮮、里山の幸、特選和牛、乳製品まで、美食家を小躍りさせるほど新鮮で豊富な食材が揃うトマムは、まさに"食彩の王国"。リゾート内には、独創的なトマム流イタリアンが楽しめるメインダイニング「OTTO SETTE TOMAMU」、ビュッフェダイニング「hal-ハル-」、「森のレストラン ニニヌプリ」など全24店舗あり。その日の気分でどうぞ！

05 アクティビティ

トマムでしか味わえない遊びで
冒険心をむき出しに

すべての季節を通して自然と遊ぶアウトドアスポーツの宝庫。春や夏には川遊び、ラフティング、カヌーをはじめ、専用バギーでのドライブツアーや白樺の木陰でピクニックも快適。熱気球フライトでトマム上空から大パノラマを満喫するのもリクエスト可能です。冬はスノースポーツ全般が可能。霧氷テラスやアイスヴィレッジのエキサイティングな冬体験のほか、常夏のビーチと楽園プールの夏体験「ミナミナビーチ」も。

KAI-KAGA

界 加賀

（ 石川・山代温泉 ）

加賀百万石の武家文化が宿る
開湯1300年の温泉に癒やされる

　加賀の歴史を紐解けば、江戸時代に加賀百万石から分藩し、大聖寺藩7万石（その後10万石）の城下町として栄えた史実が残ります。また同時に、この地には北陸を代表する4つの温泉、加賀温泉郷も栄えてきました。「界 加賀」が建つのはその一つ、山代温泉です。

　時は江戸時代。山代温泉の温泉場は共同浴場（現在の総湯）として栄え、周辺には宿が立ち並び、主に湯治客が長逗留していました。今の日本には少なくなりましたが、ヨーロッパでは今なお湯治場としての共同浴場が存在し、補完・代替医療、民間療法として親しまれているのです。例えばドイツのバーデンバーデンはホテルやカジノで知られる高級温泉保養地ですが、街の中心には充実した施設の共同浴場があり、未病の人から、実際に治療を要する人までホテルに滞在しこの共同浴場へ通っています。日本を含めた世界中で同時多発的に温泉を利用する湯治文化が起きていた歴史があるのです。山代温泉の観光案内に、こんな説明を見つけました。「山代温泉には二つの公衆浴場があります。一つは『総湯』と呼ばれる、新しい熱交換システムを導入した加水なし、100％源泉の共同浴場。もう一つは『古総湯』と呼ばれる明治時代の総湯を復元し、外観や内装だけでなく"湯あみ"という温泉に浸かって楽しむだけの当時の入浴方法も再現した共同浴場です」と。何気ない説明のようですが、歴史を経て継承されている山代の温泉文化が、こうして未来に向け発信されていることに誇りを感じました。

山代温泉街の中心・湯の曲輪に復元された「古総湯」は源泉掛け流しの共同浴場。九谷焼タイルを使った床や壁など、明治時代のものが忠実に再現され、アンティークなステンドグラスも美しい。

　さて、かつて「白銀屋」という屋号の老舗旅館がこの総湯の目の前に建っていました。前田家久姫が定宿とし、美食家、陶芸家として知られた北大路魯山人もしばしば逗留し、多くの文化人・著名人に愛された名旅館です。格子の窓に優しい紅殻色の壁が情緒たっぷりの伝統建築棟は、「枠の内」という技法を使った北陸地方特有の金物を一切使用せずに組み上げる工法で造られ、当時から家格を象徴する価値の高い優れた建物でした。2005年以来、星野リゾートの運営となった「白銀屋」は、北陸新幹線の長野–金沢間が開業した'15年の12月に「星野リゾート　界 加賀」という新屋号でより美しく蘇りました。この時の大改築に際しては、門やエントランスロビー、ショップのある旧館と、数寄屋造りの茶室「思惟庵」を残し、外観の紅殻色の壁や格子戸など伝統家屋の躯体を変えずに、スタイリッシュで快適性の高い48室の宿泊棟が新築されました。全室がご当地部屋「加賀伝統工芸の間」として誕生し、客室内だけに留まらず、館内随所に加賀水引や加賀友禅、山中漆器という伝統工芸品が散りばめられ、加賀の雅な伝統が随所に漂う宿に生まれ変わったのです。エントランス棟から客室棟へ向かう通路には、「星のや京都」の作庭を成した植彌加藤造園により、加賀をイメージさせる庭が造られています。石川県産の樹木、石材、タイルを用い、前庭、中庭、茶庭の3ヵ所には川の流れを表現し、3つの庭の空間に繋がりを持たせたというこだわりようです。残された旧館部分は、紅殻格子の美しい伝統建築棟として、国の登録有形文化財にも登録されています。

冬の高級食材にミシュランが脱帽！
美食家・魯山人の哲学を継ぐ料理

　寒い季節、北陸に旅をする目的はカニという人が多くいます。11月から3月頃の北陸地方や山陰地方では、日本海で水揚げされるカニがグルメを熱くし、足を

左／すっきりと美しい茶器が客室に。現代的な柄や色使いも九谷焼の新しい流れ。右／全室ご当地部屋の「加賀伝統工芸の間」。障子飾りにも加賀水引を使用するなど、室内には加賀の伝統工芸が散りばめられている。

左／華やかな九谷焼タイルで川の流れと友禅流しを表した中庭。右上下／特別会席の一例。「のどぐろ土鍋ごはん」と「鮑の若布包み蒸し」。どちらも早春の贅沢な海鮮料理。

向けさせています。もちろん「界 加賀」でもこの時期にはカニ三昧の「タグ付き活蟹会席」が提供されています。ここで提供される料理は、『ミシュランガイド富山・石川（金沢）2016特別版』の旅館部門で4レッドパビリオンと評価されました。'21年の春には再調査が行われ、同書の2021特別版が出版されるといいます。

　今回は別の季節に訪れ、高級魚ノドグロの土鍋蒸し、アワビのワカメ包みせいろ蒸しなど、旬の海の幸を満喫しました。九谷焼や山中塗の芸術的な器に盛られ、テーブルを飾る逸品に大満足でした。この宿では、それぞれの季節に合わせ、旬の高級食材を贅沢に使うもてなしの料理や、「白銀屋」ゆかりの美食家・北大路魯山人の料理哲学を受け継ぐ会席料理など、まさに"器と料理のマリアージュ"が謳歌できます。食の素晴らしさは宿の財産でもあります。一年を通していつでも地元ならではの食材を厳選した料理に感激し、地方に旅をする歓びを、食を通じて感じる加賀の雅な食文化でした。

(Data)

界 加賀

石川県加賀市山代温泉18-47　☎0570-073-011（界予約センター）
客室数 48室　施設 大浴場、湯上がり処、食事処、
トラベルライブラリー、ショップ、茶室、ギャラリー ほか
アクセス 車／北陸自動車道 加賀ICより約15分、小松空港より約30分
電車／北陸本線加賀温泉駅より車で約10分

5 reasons why I love it!
加賀文化の艶やかさ薫る贅沢な温泉旅館

01

温泉

**1300年の歴史ある山代温泉
大浴場で楽しむ加賀の伝統工芸**

約1300年前、高僧・行基が霊峰白山へ修行に向かう途中で一匹の烏が羽の傷を癒やしている水たまりを見つけたのが、今に受け継がれている山代温泉の開湯の伝説です。この烏こそ、『古事記』や『日本書紀』にも登場する伝説の霊鳥・ヤタガラス。山代の湯は弱アルカリ性、通称・美人の湯です。露天風呂と内風呂の間の仕切りガラスは国内生産量の9割を誇る金沢箔が使われ、白山が細やかに神々しく描かれたガラス絵です。また、宿の正面の「古総湯」内にも九谷焼タイルが使われ、壁は拭き漆仕上げ、浴室も九谷五彩のステンドグラスに覆われた体験型の温泉博物館。入浴の際には明治時代同様、石鹸は使いません！

02 景観

**古総湯を囲む高級旅館街は
美しいレトロモダンのデザイン**

この地は“神仏の魂が宿る山代随一のパワースポット”と言われ、温泉街の中心にある総湯・古総湯を包み込むように、神々しく立派な寺社が鎮座しています。湯守寺の「薬王院温泉寺」、機織の神・天羽槌雄神を祀る「服部神社」がそれら。樹齢200年もの巨樹を含む鎮守の森と2つの寺社、そして山代温泉の様々な案内をしてくれる店「道番屋」などレトロな雰囲気が漂います。是非、町の散策も……。

03 客室

**華やかな加賀の伝統を纏う
気品ある客室ごとに異なる意匠**

全室がご当地部屋「加賀伝統工芸の間」として造られている「界 加賀」では、室内に加賀水引、加賀友禅、山中塗、九谷焼など世界に通じる美しい伝統工芸品が飾られています。そしてローベッドやソファが置かれ、木の温もりや障子の落ち着いた雰囲気が演出されています。部屋によっては露天温泉風呂の設えがある種類も。部屋ごとに異なる意匠であり、部屋番号が書かれた客室入り口のプレートも九谷焼です。

04 料理

**美食家、魯山人の思想を継ぐ
食材の価値を高める会席料理**

美食家、陶芸家、書道家など幾つもの肩書を持ち、文化人として今もなお語り継がれる北大路魯山人。氏と所縁の深い山代温泉では、“やましろをいただく”という食のもてなしが存在。かつて北前船が往来した橋立港が近く、新鮮な海の幸が通年楽しめる環境にある山代温泉では、魯山人が長逗留した「白銀屋」に始まる「界 加賀」に氏の料理哲学が受け継がれ、厳選された食材を用いた会席料理を提供しています。

05 アクティビティ

**周辺地域に見どころ多し！
連泊して北陸名所巡りもおすすめ**

加賀地方に残る祝いの獅子舞は民俗芸能として発展。勇壮な「加賀獅子舞」を宿では独自にアレンジした「白銀の舞」として、毎夜、ロビーを舞台に披露。また加賀には400年にわたり茶の湯文化が脈々と受け継がれる伝統が残り、宿では200年前の茶室を修復した「思惟庵」を見学することが可能。また近隣の金沢見学や、輪島や白米千枚田まで足を延ばすなど情緒たっぷりの北陸を楽しみましょう。

RISONARE-NASU

リゾナーレ那須

(栃木・那須)

那須高原の清浄な空気と豊かな自然
アグリツーリズモの原点に迫る

変形した可愛らしいキュウリもそろそろ収穫時。自然の力に頼った農法で育てると、すべての作物がまっすぐに、美しく、ピカピカに……とはいかない。安心安全と新鮮さが人の食には重要。

　那須連山の麓に広がる那須高原地帯は、清浄な空気と手つかずの自然が残るリゾート地として古くから親しまれています。連山の主峰・茶臼岳は栃木県を代表する活火山であり、那須のダイナミックなランドスケープのアイコン的存在でもあります。温泉が多く湧出するのも、この活火山のお蔭。そんな那須には農業を営む人も多く、さらに林業、酪農、観光業など、恵まれた自然と共に那須が支えられています。星野リゾートは、この地で日本初となる新たなる観光業のジャンルに挑戦し始めました。それが"アグリツーリズモリゾート"という、農業と観光・ホテル業を合わせた新しい旅の滞在方法の提案です。まさにこの地域のすべての魅力を湛え、人が生きる糧となる農業の大切さや奥深さと共に、私たちは季節感溢れる高原リゾート滞在の醍醐味を楽しみながら体験できるのです。

　そもそもアグリツーリズモとは、イタリア語で農業（アグリクルトゥーラ＝英：アグリカルチャー）と観光（ツーリズモ＝英：ツーリズム）が合体してできた造語です。1960年代にアグリツーリズモが始まったイタリアでは、国がその定義を整備し、2006年には法律を改正。宿泊を伴い、アクティビティとして農林業や動物飼育などを行います。地域の魅力を世に送り出し、地域の農業遺産などとの価値を高める作業をゲストと共に実施し、楽しみとする"旅の形"が定着しているのです。私自身も何度かイタリアでアグリツーリズモの宿に泊まりました。フィ

左／「アグリガーデン」の一角にある2棟の「グリーンハウス」。中では様々なアクティビティが楽しめる。右／ボリューム満点＆野菜たっぷりのBOX入り朝食は、自然の中でも客室内でも、好きな場所で食べられる。

レンツェ郊外の大きな農場に泊まり、蜂蜜作りやフルーツ収穫を体験し、宿のマダムが作る素朴で美味しい家庭料理に舌鼓を打ったこと。もう一つは、イタリアのシエナ郊外で大きなワイナリーを所有するシャトーでの滞在でした。ブドウの収穫は終わっていましたが、簡単な畑仕事やワイナリー見学、畑で採れたルバーブやブルーベリーを使ってスタッフと焼き菓子を作ったことなどが思い出です。何より、ワインになる前のできたての芳醇なブドウジュースを毎日いただき、中世のシャトーでの田舎生活が、今でも映画のワンシーンのように蘇ります。

知らないことだらけの農業体験
自然の厳しさも、深い感動も一緒に！

　前述のように、ヨーロッパで生まれ、イタリアで大きな成果を挙げ世界に広がりを見せたアグリツーリズモ。日本での捉え方は、当初"都会の喧噪から離れ、田舎生活を楽しむ"くらいの旅のスタイルと考えられてきました。しかし現在では、より踏み込んだ本格的な農業体験もできる旅の方法であることが、やっと認識されるようになりました。その意味からも「リゾナーレ那須」の存在は重要です。大地の生命力と共に歩むアグリツーリズモリゾート「リゾナーレ那須」がスタートを切ったのは、'19年11月1日。まずは土に触れ、自然に親しむこと。さらに農閑期に入った農家の手仕事を学ぶなど、農業と共にあるライフスタイルに触れて歓びを感じ、日常的に私たちが口にし生きる糧となる農産物がどう成長し、どのように収穫されるのかを知る貴重な機会ではないでしょうか。

　ここでは常駐する専任スタッフがゲストたちを優しく指導し、季節に応じた様々な畑仕事を一緒に作業してくれますし、時には近所の農家の方から指導を受け、学んでいくのも刺激的です。敷地内には大きな畑と田んぼ、畑に隣接する2

棟の温室があり、この一帯を「アグリガーデン」と呼びます。訪れる多くのゲストがここでは素手で土に触れ、「土に癒やされると言ってくれます」とスタッフの声。土に触れることで元気を取り戻す人も確かにいるといいます。

　農業はその場で直ちに結果の出る作業ではありません。3ヵ月先、1年先を見据えた気の長い作業であり、成熟や収穫まで時期を待つ作業でもあります。指導してくれるスタッフたちが口を揃えて言うことは、「農作業は結果より作業が楽しい。土は手を加える分だけ応えてくれるから」とのこと。アグリツーリズモでの滞在をきっかけに、農業に目覚める人や、収穫までのプロセスを楽しみに年に何度か訪れるリピーターになる人もいるそうです。

　敷地総面積4万2000坪という広大な「リゾナーレ那須」は、客室が43室のみ。そこに滞在する多くの人が、家族と共に自然の中で過ごすことや、土いじりを目的にやってきます。アグリツーリズモ最大の醍醐味は、やはり普段あまり触れる機会もない土に触れる農業体験にありますが、同時に畑や田んぼで収穫された大地の恵みを味わうことにもあるのです。

左／「OTTO SETTE NASU」のコース料理の前菜。新鮮野菜の美しい彩りが食欲をそそる。右／リゾートの敷地内に出没するサルは、時に子ザルを連れて一家で現れる。自然や野生との共存は容易くない。

(Data)

リゾナーレ那須

栃木県那須郡那須町高久乙道下2301　☎0570-073-055(リゾナーレ予約センター)
客室数 43室　施設 レストラン、POKO POKO、アグリガーデン、
田んぼ、大浴場、スパ、ラウンジ、ショップ ほか
アクセス 車／東北自動車道 那須ICより約20分
電車／JR那須塩原駅より無料送迎バス(要予約)で約40分

5 reasons why I love it!
絶好の環境でオーガニックに挑む農業の発信基地

01

アグリツーリズモ的
農業体験

新たな旅のスタイルを提案
「アグリツーリズモ」の世界観

ずばりアグリガーデンでの農業体験を軸に、地域の農業家との
交流から本物の生産活動にも触れ、食事、アクティビティを通
して那須の土地柄を知ることは大きな魅力です。実際、本格的
な農業は重労働であり、自然災害によって左右される不条理と
の戦いでもあり、趣味でできるほど簡単ではないでしょう。し
かし、土に触れるきっかけを作ること、野菜の名前や種類を覚え
るなど、初心者としての体験は大きな学び。時には感動さえ覚
えます。自分の手で行う収穫は歓び倍増です。収穫された野菜
を食べる楽しみは、「POKO POKO」でのピッツァ作り体験
で。野菜をのせて作るピッツァのランチに大満足の声続出です。

02 景観

**那須山麓の穏やかな高原地帯に
広がる理想の森・畑・ガーデン**

那須連山の麓に広がる那須高原の一角、標高500mの地に4万2000坪の敷地を所有し、森や林に包まれるように建っています。那須連山を背景に、里山の平坦な土地を利用してできた畑は充実度が増してきました。日本の美しい"田舎"の風景の中で、改めて那須の圧倒的な自然に魅了されます。周辺にはミュージアムや洒落たカフェ、パン屋、チーズ工房なども誕生しています。牧場が近いのも高原の風景らしいポイント。

03 客室

**好みで選べる2つのスタイル
テーマは"木々"と"花々"**

「クライン ダイサム アーキテクツ（KDa）」がデザインを担当した客室が、本館と別館に分かれて建っています。それぞれに異なる趣の客室であり、本館は緑を基調に那須に植生する木々がテーマ。大きなガラス窓には外の緑が映り、自然との一体感が感じられます。別館は赤を基調に花々がテーマ。外観のクラシカルな印象と室内のモダンなインテリアによる落ち着いた大人の雰囲気が漂っています。

04 料理

**テーマはFarm to Table
安全で美味しいオーガニック食**

レストランは3ヵ所。メインダイニング「OTTO SETTE NASU」では、地元農家で丹精込めて生産された恵みを独自のイタリア料理のコースディナーで。厳選ワインとのマリアージュも堪能できる大人のレストランです。ビュッフェを満喫するなら「SHAKI SHAKI」で。地元の新鮮野菜をメインに多彩なメニューが並びます。また「POKO POKO」では手作りピッツァのランチやドリンクも提供しています。

05 アクティビティ

**農業体験や自然が
遊び心と冒険心をくすぐる**

農業体験や人気の「石窯ピッツァづくり」のほかにもアクティビティが豊富。グリーンハウスでは、夏はオリジナルブレンドのハーブティーやバスハーブ作り、秋から冬にかけては農家の手仕事「ヒンメリ作り」も。また、森のプライベートサイクリングや、板室ダム湖でのカヤック、冬にはスノーシューやスノーサイクリングなど、自然の中で体を使うエキサイティングな体験が待っています。

（星野リゾート代表）　星野佳路　　×　　（ホテルジャーナリスト）　せきねきょうこ

今だから聞きたい星野リゾートの魅力

旅行業界において厳しい状況が続くコロナ禍でも、
星野リゾートの人気が衰えることはなく、
むしろ勢いを増していると言っても過言ではないほど。
それは、いち早くアイデアを出して実行するスピード感と、
臨機応変に対応する柔軟性があったからではないでしょうか。
そんなコロナ危機を乗り切る戦略からプライベートな話、
今後の野望まで、ざっくばらんに
星野リゾート代表の星野佳路さんに伺いました。

予約センタースタッフの意見から
新ノーマルビュッフェが誕生しました

せきね　無類のスキーマニアの星野さん。コロナ禍でスキーができないストレスは、どうしていらっしゃるのですか？

星野　ストレス発散はできていませんね……。7〜8月には、当社の予約状況がだいぶ戻り始めて少し安心してきました。4〜5月には売り上げが90％も落ちましたから、そこから急ピッチで様々な対策を講じたり。今度また感染の波がきたとしても、会社としての対応方法が分かった気がします。それに合わせて財務や現場、それぞれのスタッフがやるべきことを理解しているので、もう私たちの対策は大丈夫な気がしてきました。

せきね　こんな状況下でも、旅の楽しみ方の提案やビュッフェ対策など、迅速で完璧でしたね〜。

星野　緊急事態宣言が出て予約キャンセルが相次いだ時に、社員が一番知りたかったのは「この会社が大丈夫かどうか」でした（笑）。そこでまず人材は守ると宣言したんです。復活のためにも人材は大切ですから。感染の波と波の間に復活を狙うには、国内市場しかない。日本人の海外旅行組は3兆円市場ですから、それが国内旅行に戻るならインバウンドがなくても大丈夫ではないかと。そして、まず予約獲得にはビュッフェの復活を考えたのです。当初、政府から危険だと言われていたビュッフェですが、中止していた間に予約されたお客様からは、「ビュッフェではなく、セットの食事を提供してもらえるなら安心」というコメントではなく、「ガッカリだ」という声がとても多かったんです。そんな話をきっかけに、安全なビュッフェ対策を講じ、安心して提供しようと5月末に社内で決定。そこから1ヵ月で準備をし、7月1日に全施設で再開にこぎつけました。もう一つはマイクロツーリズムの浸透です。旅行を迷っている層の理由は、発熱したら飛行機に乗せてもらえないとか、遠方に行くといざという時に帰れないという不安です。ただ、自家用車で行ける近場に旅行をすれば感染リスクも少ない。これまで近すぎて見逃していた魅力ある旅行先を再発見することもできる。それでマイクロツーリズムの魅力をも

世界で一番難しい再生案件は　今はもうライフワークになっています

っと知ってもらおうと、全施設でプラン作りをしたんです。とにかく安心安全が大前提。国内旅行なら……と思い立った時に、現地できちっと安全対策をしている星野リゾートなら安心だと思っていただけるよう、情報発信を続けています。また、GoToトラベル開始前にマイクロツーリズム市場が好転したおかげで、8月からは前年業績を超えた施設も出てきました。

せきね　それは凄い、大成功ですね。話題は本書になります。お答えにくいかもしれませんが、星野さんにとって星野リゾートの中でベストを挙げるとしたら？

星野　私にとってのベストは、作り手側の視点です。リゾートを作るには、法律面や資金面など、どうしても妥協が出てくる。それが一番少ないのが「星のや竹富島」かもしれません「星のや竹富島」では、自分が妥協した部分がほぼありませんので、ストレスをあまり感じないで済むんです。

せきね　私にとりましても、「星のや竹富島」は一番のお気に入りに挙げる施設です。同じです！　これは嬉しいですね〜。

星野　もう一つは「青森屋」。「青森屋」は既存宿をリノベーションしているので、ハード面は変えられない部分もありましたが、それらはまったく気にならない。いろんな課題も見え隠れしますけれど。

せきね　なるほど（笑）。それに「青森屋」のスタッフが話す青森弁には旅情を感じますよね。

星野　彼らはそれをプライドとして、すごく堂々としているところが良かったかなと思ってます。それからもう一軒、リゾートとしての完成度はまだまだでしょうが、「磐梯山温泉ホテル」も好きですね。余所者として会津という独特な文化の中に入り、いろいろ学ぶことが多かった。そして原発事故以降は、自分の中での余所者感がなくなりました。というのは、インバウンドが伸びて北海道も長野も順調に売り上げを伸ばし始めた頃に原発事故が起きて、その影響で福島は観光業から取り残されました。それでも、「磐梯山温泉ホテル」は地域を先導しようと努力していたんです。私

北米で'80年代のリベンジを果たさないとちょっと死ねないですね

たちの中では、それが今でも大きなプライドです。東北全体の旅行市場は徐々に好転していくでしょうが、原発事故の代名詞ともなった福島では、観光は絶対に元には戻らないと今でも言われます。でもいつかサステナブルな市場に到達できればと頑張っています。これは世界でも難しい再生案件ですね。

せきね　星野リゾートは日本全国に点在しますから、それぞれが抱える問題点も全く違いますね。さて、最後の質問です。星野リゾートの着地点というのは、どこにあるんでしょう？

星野　1980年代、投資か運営かは別にして、日本のホテル企業の海外進出が目立ちました。でも、バブル崩壊でほぼすべてが撤退しましたよね。未だにおもてなしの国・日本のホテルが世界で活躍できていない。その殻を破って、海外に通用するホテル運営会社になりたいと考えています。私は'86年からアメリカの日系ホテル企業で働いていました。当時、「何で日本企業のホテルがアメリカで西洋型ホテルを運営しているんだ」と聞かれ、スタッフは誰も返事ができずにいました。米国人から見ると、寿司職人がNYに来てフランス料理店をやっているような感覚なんでしょう。日本文化を背負う日本のホテル企業は、何らかの"日本の価値"を提供しないといけない。だから私は温泉旅館で世界に進出したいと、ずっと思い続けています。

せきね　その第一歩が、台湾の「星のやグーグァン」だったということですか？

星野　台湾の「星のやグーグァン」でもあるし、「星のや東京」のように"都市で通用する日本旅館"というモデルでもあります。日本企業として海外進出するなら、日本旅館としての世界進出がベストだと思っています。海外……中でもやはり'80年代に悔しい思いをした北米には行きたいですね。ぜひ開業の日を早く迎えたい。今、当社にはそのためだけに動いているチームもありますから。

せきね　本当ですか!?　そんなチームが……。これからがますます楽しみですね。

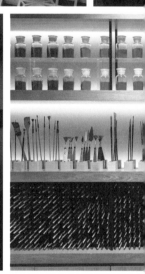

もっと伝えたい
秘かな物語の数々

それぞれの個性が溢れる星野リゾートの施設。
そこにある歴史や仕掛け、こだわりなど、多彩な魅力を紐解きます。

OIRASE KEIRYU HOTEL

奥入瀬渓流ホテル

（ 青森・十和田 ）

奥入瀬渓流の千変万化の
自然に癒やされ悠久の森に遊ぶ

　奥入瀬渓流とは、青森・秋田の両県にまたがる十和田湖・子ノ口から焼山まで
の約14kmの流れを指しています。一般的に渓流の定義は「川底に砂利や大小の
自然の岩があり、並行して遊歩道が造られ、林道や国道が走り……」などとされ、
奥入瀬渓流はまさにその通りの姿であり、さらに神秘性も感じられます。日本を
代表する美しい流れは、豊かな樹木や滝もあり奇岩・奇勝が素晴らしく、国指定
の特別名勝及び天然記念物にも選ばれているのです。

　このエリアに観光が始まるきっかけとなったのは1903年、法奥沢村（旧十和
田湖町・現在は十和田市に合併）の村長であった小笠原耕一氏により、渓流沿い
に林道が開削され、散策が可能になったことによる功績だと言われています。四
季折々の彩りを魅せる木々、澄んだ渓流の瀬音、小鳥のさえずりなどが響く自然
界に癒やされながら歩く遊歩道の散策ルートは、先へ先へと興味が尽きません。
奥入瀬渓流には、銚子大滝、阿修羅の流れ、雲井の滝など、名のある幾つもの景

勝地が存在しています。「奥入瀬渓流ホテル」は、そんな自然のままの渓流沿いの一角、深い森の裾野に佇んでいます。奥入瀬渓流の氷瀑や八甲田山の樹氷など、冬旅をしたなら、厳寒の冬にしか観ることのできない風物詩も是非見て欲しいものです。ただ今回の私の目的は"渓流散策"でしたから、訪れたのは東北の早い秋の始まり、9月初旬。東京ではまだまだ暑さとの戦いでしたが、奥入瀬は渓流が放つマイナスイオンに包まれ、ひんやり感が心地いい環境でした。

　WEBサイト「奥入瀬フィールドミュージアム」には、"これまでの奥入瀬は、典型的な景観見流し型観光地として、あるいは「ただ歩く」だけのアウトドア・スポットとしての評価しか受けてきませんでした。しかし、自然のなりたちや芸術性を鑑賞するのに、これほど適した景勝地は他にあまりありません"とあります。興味深いと思いませんか？　このサイトには「樹木・草花・シダ・コケ・キノコ・地層といった自然の構成物をあたかも博物館や美術館で作品を鑑賞するように」と書かれており、その通りにしたお陰でドキドキするほど面白い場面や森の不思議と出くわしながら、渓流のことまで知るに至りました。

温かなもてなしに心身がほぐれ
東北の奥深さに魅了される

　"そこにある自然"がこれほど興味深く、知らないことだらけだったと気づき、自然の放つパワーにただ感動でした。最初はうわべの知識でも、次はこれ、その次はこれを調べたいと、渓流歩きにはまりそうです。そんな散策を終えてホテルに戻ってロビーを見渡すと、中央に岡本太郎作の壮大な暖炉が見え、奥の大きなガラス窓には勢いのある木々の緑がよく映えています。迫力あるアートな暖炉と緑のコントラストは、山のホテルであるこの施設のハイライトな空間です。

　滞在中、期待の大きな食事はそれを上回る豪華版でした。山海の幸をたっぷり

左／陽ざしが徐々に差し込む早朝の奥入瀬渓流。朝もやがかかる神秘的なこの様子を、ガイドは「森の目覚め」と表現。
右／ホテルから森を抜けると、青森県十和田市と秋田県鹿角郡小坂町にまたがる十和田湖に出る。

左／奥入瀬渓流を望む絶景の露天風呂。右上／ロビー 森の神話のバーラウンジで提供していたオリジナルカクテル。右下／「渓流テラス朝食」は3段のオリジナルBOX入り。オープンサンドやキッシュなど、彩りも鮮やか。

使ったフランス料理や、生産量日本一を誇る青森のリンゴを丸ごと味わうリンゴ尽くしの料理が楽しめます。そして夕食後の20時からは、アクティビティの一つである「森の学校」がラウンジで開かれます。1万5000年もの長い歴史を経た奥入瀬渓流の成り立ちや、森に生きる動植物の話など、とても興味深い講義です。アクティビティも、食事も、温泉も、奥入瀬に始まり奥入瀬に終わる。そんな奥入瀬渓流と"一心同体"になった施設の活動が功を奏し、「森の学校」も徐々に知られ、今では大勢の宿泊客が参加する人気の授業となっています。ここで知的好奇心を養えば、翌日の奥入瀬ガイドウォークは一層楽しめるはずです。

　この旅に同行した写真家の玉井幹郎さんが、嬉しそうに語ってくれました。「渓流テラスでゆったりと過ごした"渓流テラス朝食"は、今までで最も印象に残ったひと時でした」と。渓流の瀬音が爽やかな朝、キラキラと差し込む日差しの下で、私と編集担当の林愛子さん、玉井さんの全員が心豊かな朝を迎えていました。

(Data)

奥入瀬渓流ホテル

青森県十和田市大字奥瀬字栃久保231
☎0570-073-022（星野リゾート予約センター）
客室数 187室　施設 レストラン、大浴場、ラウンジ、ショップ、スパ ほか
アクセス 車／百石道路・第二みちのく有料道路 下田・百石ICより約60分、
東北自動車道 十和田ICより約90分
電車／東北新幹線八戸駅・新青森駅より無料送迎（要予約）バスで約90分
※青森空港より無料送迎バスあり

5 reasons why I love it!

01 アート

館内での楽しみも尽きない
"アートの館"のようなホテル

東館・西館のロビーにはそれぞれ岡本太郎作の巨大なアートの暖炉が。特に東館メインロビーには高さ8.5mにも及ぶ巨大なブロンズ製の暖炉「森の神話」が飾られ印象的。西館の暖炉「河神」（写真）と共にホテルのアイコン的存在になっています。

02 景観

世界でも稀な豊かな森と渓流
未来に残したい自然

十和田八幡平国立公園に位置する「奥入瀬渓流ホテル」は、世界的にも貴重となった落葉広葉樹林の原生林であるブナの森と渓畔林の麓にあり、美しい渓流の傍らに佇んでいます。人や野生動物に多くの恵みをもたらす豊かな自然に囲まれています。

03 客室

渓流のせせらぎ音に心癒やされ
窓の景色に奥入瀬の四季を観る

客室の広さは28〜68㎡。渓流に面した渓流和室、森に面したなごみ和室、モダンルーム（洋室）、犬と泊まれるペットルーム、露天風呂付き客室、眼下に庭園や渓流のせせらぎが臨める特別室など、いずれも自然との一体感が快適です。

04 料理

夜はグランドキュイジーヌ、
朝は爽やかな「渓流テラス朝食」

2019年誕生のレストラン「Sonore」では、夜は豊富な山海の幸を活かした青森生まれの新フレンチを提供。朝の爽やかな渓流の傍らでいただく「渓流テラス朝食」も大好評。リンゴを満喫するビュッフェレストラン「青森りんごキッチン」もおすすめ。

05 アクティビティ

最大の楽しみは渓流ウォーク！
自然に親しむプログラムが満載

特におすすめは渓流沿いを歩く興味深い「奥入瀬ガイドウォーク」。そのほか、自分へのお土産にもなる「こけ玉作り体験」、「星空観賞会」や「奥入瀬の森 バードウォッチング」などいずれも大自然と共に過ごすアクティビティが揃います。

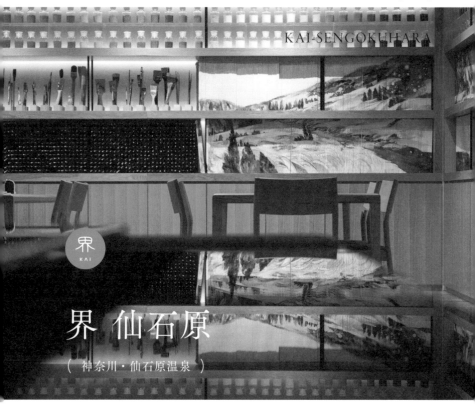

KAI-SENGOKUHARA

界 仙石原

(神奈川・仙石原温泉)

雄大な自然と温泉に癒やされる
グローバルな観光地を満喫

　江戸時代に庶民が温泉を観光として楽しむようになったお蔭で、日本を代表する温泉地の一つ「箱根」は、都心に最も身近な温泉リゾート地として発展してきました。そんな箱根を語るには、まずは"火山"の成り立ちから。箱根は"神々の山"と呼ばれ、昔から信仰の対象であった箱根山の一部にあります。現在の箱根は、その箱根山で45万年前に始まった数知れぬ噴火活動により生まれたカルデラと中央火口付近、外輪山で成り立っています。つまり箱根のドラマチックで風光明媚な地形は、すさまじい火山活動が繰り返されて作り出された自然の驚異とも言える原風景なのです。因みに箱根観光には欠かせない美しい活火山・富士山の誕生は約10万年前。火山としては箱根山の後輩にあたるのです。

「界 仙石原」があるのは、箱根の仙石原地区。富士箱根伊豆国立公園内の一角。ご存知かと思いますが、同じく箱根湯本エリアには、2018年の「界 仙石原」開業より一足早く'12年に開業した「界 箱根」という温泉旅館があります。山深い

左／全室ご当地部屋「仙石原アトリエの間」。右上／アトリエライブラリーで「彩り手ぬぐい」教室に参加。右下／大浴場とは別に、すべての客室にも大涌谷温泉から引いた露天風呂が設置されている。

　緑に包まれ、ゆったりといで湯に浸かり、寄木細工に魅了される宿です。一方、「界仙石原」はドラマチックな開放感に満ち、「界 箱根」とは趣の違う箱根の一面を楽しむことができます。小高い斜面に建つ宿で、開けた山並みが展望できるパノラマが自慢。山が近い箱根では景色を一望できるのは珍しく、ずっと見ていても飽きることなどありません。

　先述の通り、箱根はマウンテンリゾートであります。芦ノ湖に面する施設以外は、いずれも山懐に抱かれるように緑に包まれ、温泉を満喫し、心落ち着ける雰囲気が魅力。しかし仙石原は特別。標高650mのカルデラ地帯に位置することから、清々しい風が通り、五感が癒やされるのがわかります。

作家、スタッフ、ゲストの創作 アートが交錯する「ご当地楽」

　箱根には、誰もが訪れる観光スポットの芦ノ湖付近、豪華リゾートホテルや老舗旅館の点在する強羅温泉郷、歴史的にも知られる箱根の入り口付近の湯本温泉や塔ノ沢、外国人も足繁く通ったという宮ノ下付近など、それぞれに異なる情景があり、違った魅力を醸し出しています。エリアによって風景が異なり、時にはグローバルな文化の影響も残る名所旧跡の観光だけに留まらず、異なる泉質の源泉が点在する理想的な温泉保養地として発展してきました。ススキ草原となった現在の仙石原からは想像もつきませんが、かつての仙石原には仙石原湖がありました。2万年以上も前に箱根山の一つ、神山の水蒸気爆発で湖は二つに分かれたと言います。一帯は長い歴史の中で湿原化への道を辿り、それが現在の箱根湿生

花園（1976年開園）となったのです。もう一帯の湖域はススキ草原に。この広大なススキに覆われた草原は世界でも稀な姿と言われています。晩秋の頃、ススキの穂先が一斉に黄金色に色を変え秋風にたなびく草原の様子を見て、まるで日本画の繊細な描写を見ているような荘厳な感覚に陥りました。

　そんな四季の奏でる美しい環境の中に建つ「界 仙石原」は、かつて芸術家が好んで滞在した箱根の魅力を継承し、仙石原の"アトリエ温泉旅館"と掲げ、訪れる人々をアートの世界に誘っています。アトリエに仕立てたアトリエライブラリーには、画材や絵筆が並んでいます。まずはアートの感性に触れることから始めます。毎夜、開催される手ぬぐい教室「彩り手ぬぐい」に挑戦してみてください。型染作家の小倉充子氏により下絵が描かれた6種類のオリジナル手ぬぐいから好みの図柄を選び、絵を描き足し、色を塗り、自分だけの手ぬぐいを完成させます。

　2018年夏の宿の開業時には、国内外から12名のアーティストを集め、「アーティスト イン レジデンス 箱根仙石原」が開催されました。アーティストたちが創作した作品の数々は、現在でも施設内や客室内に飾られています。「界 仙石原」を訪れる人々は、感性豊かな彼らの作品に足を止めています。

左／山海の豊富な食材が揃う「界 仙石原」では、器と食の楽しみに遊び心を添えて。大涌谷の煙をイメージした料理なども提供する。右／施設内では四季を通してアートな体験ができる。写真は夏に体験した団扇を彩るご当地楽。

(Data)

界 仙石原

神奈川県足柄下郡箱根町仙石原817-359　☎0570-073-011（界予約センター）
[客室数] 16室
[施設] 大浴場、湯上がり処、食事処、アトリエライブラリー、ショップ ほか
[アクセス] 車／東名高速道路 御殿場ICより約20分
電車／JR小田原駅より車で約40分

5 reasons why I love it!

01 アート

アトリエ旅館で芸術家気分
気づかなかった才能が見えてくる?

この宿では、芸術家になったつもりでアートに全集中するチャンス。誰もが参加できるアート体験もあり、自分でも知らなかった才能が見つかるかも……。箱根を愛した多くの芸術家のように、アトリエライブラリーで芸術家気分に浸る休暇も素敵!

02 景観

高台から望める広大な絶景と
ススキ草原に隣接のリゾート地

箱根火山カルデラ内の北部、穏やかな山並みが続く仙石原の高台に建っています。客室からは開けた箱根の様子を展望。火口から水蒸気を噴き出す大涌谷も近く、近隣に広がるススキ草原の仙石原では、雄大な情景の中、遊歩道の散策を是非!

03 客室

美しい情景との一体感が魅力
全室露天風呂完備のアートな空間

全室ご当地部屋「仙石原アトリエの間」として造られました。国内外のアーティスト12名に実際に宿泊してもらい、感じたことを作品として残す「アーティスト イン レジデンス 箱根仙石原」で完成した作品が飾られて、アートを感じる客室に。

04 料理

"食と器のアート"にこだわり
箱根らしい山海の幸を堪能

溶岩に見立てて200度に熱した石で食材を焼く「山海石焼」や、大涌谷の水蒸気をイメージした瞬間燻製など、自慢の料理は遊び心満載。実は山の向こうには日本有数の漁港、小田原港や熱海港が控える箱根。新鮮な海の幸などもテーブルを飾ります。

05 アクティビティ

アート体験、観光地巡りなど
豊富なアクティビティに挑戦

ご当地楽の主役はアート。自身で絵を描き、世界で唯一の「彩り手ぬぐい」製作も面白い。アーティスト、スタッフ、ゲストとの3者共同作業による、デッサン、盆栽、写真、書道などのワークショップが行われたことも。現在、より本格的な体験を企画中。

HOSHINOYA-TOKYO

星のや東京

（　東京・大手町　）

都心で楽しむ天然温泉の醍醐味と
進化した日本旅館の贅に憩う

　「星のや東京」の建つ大手町界隈は、ビジネスビルや新聞社、ホテルなどが立ち並ぶ都心の一等地であり、ファイナンシャルシティやインテリジェントビル街と呼ばれ、大都市東京を支える経済や商業の中枢です。このハイエンドなビル街に日本旅館ができると聞いただけで相当な驚きでした。しかも、旅館内には天然温泉の大浴場と露天風呂が造られると知り、その時点で開業の待ち遠しさと期待は沸点に達しました。「星のや東京」は日本旅館でありながら、ビルに囲まれた周辺状況を鑑みて洗練された環境設計が施されました。オンサイト計画設計事務所の代表・長谷川浩己氏が三菱地所設計と協同で、旅館入り口周辺を“都市の中のオアシス”のように、ホッと一息できる空間造りをしたのです。

　旅館内は入り口から最上階まで驚きの連続です。最初は玄関ドアでした。樹齢300年という青森ヒバの一枚板の木扉です。玄関では天井まで6mもの広々とした空間が現れます。ここで靴を脱いだ時から外界とは離れ、白檀の香が漂う中に身

を委ね、高級旅館の静謐な世界へと誘われます。総客室数は84ですが、各階に6室のみの贅沢な設えです。そして1フロアごとに各階に滞在するゲストのためだけの「お茶の間ラウンジ」が。この空間と客室を自由に行き来し、リビング感覚で気軽に使えるよう、飲み物やおやつも用意されています。さて、宿内最大の驚きは、露天風呂のある天然温泉「大手町温泉」が最上階に造られたこと。超都心で、ゆったりと天然温泉に浸かれるなんて誰が想像できたでしょう。

　旅館に欠かせない大切な食事も、「星のや東京」ならではの秘密の体験です。"Nipponキュイジーヌ"と呼ばれる料理は、料理長の浜田統之氏が技を披露する繊細で独創的なものであり、宿泊者だけが味わえる幸運な食事です。浜田氏は「日本の森のミネラルを召し上がっていただきたい。日本固有の食材が集結する東京ならではの料理、また日本だからこその料理を」と語っています。日本を舞台に世界に発信するこだわりの料理を創っているのです。

　宵闇が迫る頃、一度外に出て宿の建物全体を眺めてみてください。「星のや東京」の建物は、まるで美しいラッピングを施された箱のように際立って見えます。建物の外壁は江戸小紋の「麻の葉崩し」をモチーフにデザインされ、抜き型で飾られており、夜はライティングによってその美しさがさらに増します。日本庭園や木造平屋建てという、これまでの日本旅館の伝統的な造りとは趣を変え、地下2階、地上17階という塔のような仕様の"塔の日本旅館"として進化した、まさに都会派の旅館なのです。

左／"塔の日本旅館"と謳われるとおり、空に向かって伸びる「星のや東京」。中／玄関では和服姿のスタッフが出迎える。右／畳敷きの廊下は静謐な空間。エレベーターの扉が開く度に微かな拍子木の音が聞こえる。

左／季節の旬を贅沢に調理する "Nipponキュイジーヌ"。その繊細さや美味しさは世界が認知。右／「お茶の間ラウンジ」は、滞在者の居間のような存在。客室とはひと味違う自由な空間でゆったりと寛ぐのも非日常。

瀟洒な日本旅館に秘められた楽しみ
アクティビティで江戸の名残を再発見

　以前、アクティビティの一つ「古地図歩き」を選びました。早朝に出発し、宿に戻ってから朝食をいただくプランです。いざプロのガイドさんと共に歩いてみると、都心の歴史の残り香にも格別の面白さがあり、時の経つのを忘れてしまいました。江戸の古地図を頼りに、史跡や歴史ある土地を巡りながら、今と昔の違い、当時のストーリーを知り、江戸文化の迫力ある臨場感に触れるのです。読書で知るのとは違う"生の江戸"が体感でき、気風のいい江戸弁まで聞こえてきそうな雰囲気。江戸の町民が残した足跡を実際に辿る街歩きに感動でした。

　星野リゾートの「界」には、"ご当地楽"や"ご当地部屋"があり、その土地ならではの伝統や風習、言い伝えなどを知ることで、滞在が何倍にも有意義になるのは経験済みでした。それにしても、メガシティに密かに佇む旅館「星のや東京」の、今時のもてなし方や、繁栄した江戸の文化にふれながら魅せる東京のモダニズムには興味津々でした。旅館の概念を破った斬新さと伝統を共に宿す「星のや東京」には、特別な"東京"が凝縮されているようです。

(Data)

星のや東京

東京都千代田区大手町1-9-1　☎ 0570-073-066(星のや総合予約)
[客室数] 84室　[施設] 大浴場、ダイニング、お茶の間ラウンジ、スパ、ショップ ほか
[アクセス] 車／首都高速道路 神田橋出入口より約1分
電車／JR東京駅丸の内北口より徒歩10分、地下鉄大手町駅直結

5 reasons why I love it!

O1 温泉

都心で体験できる天然温泉大浴場
空を見上げる極上の露天風呂も

空に伸びる塔の日本旅館「星のや東京」には都心で楽しめる天然温泉があります。大浴場に続き、晴れた日の夜には星空を眺められる露天風呂で温泉三昧。まさに隠れ家温泉。地下1500mから湧き出る湯は、保温効果の高い強塩温泉です。

O2 景観

京都の庭師が設えた石の前庭が誘う
"塔の日本旅館"のアプローチ

東京きってのビジネス街・大手町の一角に木立が造られ舟形のベンチが配されました。ここは「星のや東京」玄関前広場。波模様の舗装は近くの日本橋川をイメージしたもの。木立の合間には草花を生けたプランターが置かれ都会のオアシスを演出です。

O3 客室

都心とは思えぬ静謐な空間は
伝統とモダニズムが融合

障子やヒバ素材の畳ソファなどの内装、深い浴槽と洗い場のある浴室など、進化した和モダンのデザインを取り入れた寛ぎの空間が広がります。客室の一部のような「お茶の間ラウンジ」は24時間自由に使えるゲストのパブリックな場所。

O4 料理

日本の新鮮食材を厳選
四季折々の旬を芸術品のごとく

"Nipponを食すテーブル"と謳い、宿泊者限定の極上料理を提供。料理長の浜田統之氏自身が、信頼できる生産者から食材を求め、フレンチの技法を使いコース料理を創作。日本のフレンチを世界に広げるべく、独自の料理を発信しています。

O5 アクティビティ

優れた伝統文化が色濃く残る
江戸・東京の粋を体験する

人力車遊覧、都心ヘリクルーズ、日本おもてなし体験・茶の湯、古地図歩きなど、東京ならではの刺激的なアクティビティが揃っています。江戸と東京を一緒に感じられるプログラムはとてもエキサイティングで貴重な体験揃い。

磐梯山温泉ホテル

（ 福島・耶麻郡 ）

湖を望む磐梯山の山懐に
伝統香る温泉リゾートの快哉

　ここは日本百名山の一つ、会津磐梯山の麓です。深い緑に覆われた磐梯山を横目に、キラキラと輝く猪苗代湖が。国内4番目の大きさを誇る猪苗代湖は別名「天鏡湖」と言われ、鏡のように静かで神秘的な湖面を保っています。そんな猪苗代湖を望む高台に建つのは、スキー場が併設された温泉リゾート「磐梯山温泉ホテル」。ここを訪れたのは初めてのことでした。到着すると、まずはロケーションの素晴らしさに驚き、すぐに「翌日は早朝に起きて散歩を」と決めたほどです。実際、早朝に歩いてみると、湖は霧に隠れて神秘的でした。また、真夏の磐梯山では朝陽が想像より早く昇ってきたお蔭で、すぐに霧も晴れ、望み通りキラキラと輝く湖面も現れました。磐梯山に向かって歩き、山の清々しさを感じながら晴れ渡った一日の始まりに感謝をし、ホテルに戻りました。

　さて、会津の代表的な民芸品といえば、一番に「赤べこ」が挙げられます。「磐梯山温泉ホテル」では、メインエントランスを入ると、正面に巨大な「赤べこ」

左／館内様々な場所で「赤べこ」に出会える。大浴場「朱嶺の湯」ではヒノキの「赤べこ」が湯船に。右上／憩いの広場「コデランニ広場」。右下／会津の地酒、銘酒をずらりと揃えた「会津SAKE Bar」。

が置かれ、ゲストを和ませています。「赤べこ」とは張り子の牛のこと。400年もの歴史がある民芸品でもあり、無病息災、除災招福の願いが込められた“幸運の牛”として伝承されているのです。その「赤べこ」が随所に飾られる地方色豊かなホテルですが、同時にスタイリッシュな高原リゾートとしても認知されています。さらに会津の伝統の発信基地として、会津に纏わるプログラムやアクティビティが揃い、飽きることがなさそうです。これが連泊客が多い理由でしょう。

温かい東北人と温泉と食事
癒やしのアイテムが満載

　星野リゾートとしては大規模型の印象がある「磐梯山温泉ホテル」。しかし、隣接するゴルフ場やスキー場がホテルと一体になっていることを知れば、この大がかりなサイズにも納得です。春や夏の会津を訪れるゲストの目的は、観光やドライブを楽しむため、避暑のためなど様々あるでしょうが、中でも人気が高いのは隣接するゴルフ場「メローウッドゴルフクラブ」でのプレーです。“光と水と緑の調和”をテーマにホールがレイアウトされ、丘陵コースが造られたゴルフ場で、ゴルファーたちは早朝から夕暮れまで目一杯プレーを満喫できます。そして疲れても宿はすぐ目の前！　プレーの後はそのままホテルへ戻り、温泉やグルメを楽しむという贅沢が待っています。

　また、雪の多い会津地方。冬になれば、シーズン到来を待ち望んでいたスキーヤーたちがやってきて、ホテル隣接のスキー場「星野リゾート アルツ磐梯」は大賑わいです。ゲストはホテルからそのまま突入できるとあって、南東北随一の

大きさを誇るスキー場をマイ・ゲレンデ感覚で滑れると好評。さらに50分ほど車で走れば、ミクロファインスノー（細やかで軽いパウダースノー）を満喫できる「星野リゾート 猫魔スキー場」も揃っています。ここでは「パウダースノーの浮遊感を味わえる」と、スキーヤーはサラサラと手からこぼれ落ちる雪の虜になると言います。また、この地は温泉も豊富に湧いており、ホテルには磐梯山麓から汲み上げた炭酸水素塩泉「磐梯山清水平温泉」を楽しめる大浴場「朱嶺の湯」があります。浴室のデザインに会津漆器をイメージした赤と黒を使用し、湯船には薫り高いヒバの木が使われ、郷土色を演出しています。

　一方、福島は古くから豊饒の地として知られ、野菜や米、フルーツの生産が盛んなだけでなく、豊かな海産物でも知られるグルメ県。そんな地に上質な地酒が無いわけがありません。磐梯山の豊かな伏流水で造られる会津の酒の歴史は、およそ400年前に遡ります。2019年には福島県が7年連続で"全国新酒鑑評会金賞受賞蔵数が日本一"を達成。中でも会津の酒は福島随一の旨さを誇ると自慢です。ホテルでは、酒蔵見学を楽しめる宿泊プランも用意しています。楽しめる、遊べる、学べる、食べられる、そして飲める。これがリゾートの真髄でしょうか。

左／ビュッフェレストラン「kisse・kisse」の朝食。特に郷土の名物料理「朝ラー」は大人気。右／冬のアクティビティ「薬研こしぇる茶」は、お茶作りで薬草文化を体験。"こしぇる"は会津弁で「作る」。

(Data)

磐梯山温泉ホテル

福島県耶麻郡磐梯町大字更科字清水平6838-68
☎0570-073-022（星野リゾート予約センター）
客室数 149室　施設 大浴場、スパ、温水プール、レストラン、Books&Cafe、
会津SAKE Bar、ショップ、コデランニ広場 ほか
アクセス 車／磐越自動車道 猪苗代磐梯高原ICより約25分
電車／JR磐梯町駅より無料シャトルバス（要予約）で約15分

5 reasons why I love it!

01 伝統文化

会津に根付く伝統文化に触れて
地域性を守る日常に敬意

ほかの星野リゾートとは少し印象は違う大型施設。しかし館内には星野リゾートが大切にする地域性がはっきりと。食、アクティビティ、温泉、民芸品なども豊富な会津の豊かな文化を継承し、毎夜ロビーでは、滞在者を募って"祭り"が開催されます。

02 景観

磐梯山の勇壮な姿と
緑多き森に癒やされる地域

福島県でも特に豪雪地帯と言われる会津地方。この施設があるのは、磐梯山や日本4位の広さを誇る猪苗代湖に近い清水平。冬はウインタースポーツ、春夏秋にはドライブや自然散策、登山、釣りなど豊富なアクティビティが揃う自然の豊かな地域です。

03 客室

グループにもカップルにも
対応できるテーマ別の多彩な客室

会津漆器に象徴されるモチーフを現代風に取り入れた"会津モダン"の部屋が揃います。日本酒セラーを設置したBARコーナー付きの「会津モダンスイート」や、「ゴロゴロルーム」「メゾネットルーム」「ペットルーム」などテーマもいろいろです。

04 料理

会津食文化を磐梯山ホテル流に
地元食材で作るグルメなホテル

米糀で漬けた三五八漬けや会津味噌で漬けたみそ漬け、饅頭のてんぷら、こづゆ、大人気「朝ラー（朝に食べるラーメン）」など豊富な郷土料理に加え、アレンジされた数々の料理を提供。特にライブキッチンで作られるアイテムが人気です。

05 アクティビティ

会津の民芸品「赤べこ」作りや
真冬の澄んだ空で星を見る浪漫も

豪雪地帯ならではの冬の雪遊びが一番人気。ほかの季節には「磐梯星あるき」でスタッフと暗闇の中を歩き磐梯の星や自然を知るナイトツアーも。「会津てわっさ（絵付け体験）」では、赤べこや起き上がり小法師作りに挑戦もできます。

KAI-NAGATO

界 長門
（ 山口・長門湯本温泉 ）

春の桜、初夏の蛍、秋の紅葉、四季を彩る長門湯本温泉

「界 長門」は、星野リゾート「界」ブランドの16番目の施設として、2020年3月12日、山口県の長門湯本温泉に開業しました。長門市の山間部を流れる音信川（おとずれがわ）に沿って広がる長門湯本温泉は、山口県最古の歴史ある湯治の温泉として知られています。その歴史を辿れば、今から600年も前の室町時代。大寧寺（応永17年当時の守護代、鷲頭弘忠（わしずひろただ）創建と伝わる曹洞宗の名刹）にて定庵禅師が座禅のさなか、住吉大明神の“お告げ”によって発見されたと伝えられています。

　かつて1970年代には40万人もの人が訪れていたという長門湯本温泉ですが、様々な理由や刻々と変わる時代背景により人足が減り、一時は静かな温泉地となります。しかし、2016年にロシアのプーチン大統領と安倍晋三元首相がこの地でトップ対談をしたことで、再び全国にその名が知れ渡るなど、老舗温泉地にも歴史の変遷が垣間見えてくるのです。現在の「界 長門」が建つ場所は、江戸時代から150年間も続いた料理自慢の老舗旅館「白木屋グランドホテル」の跡地で

す。「白木屋グランドホテル」のような大きな主要旅館の倒産もまた、時代が求めるニーズに追い付けなかったことが原因なのかもしれません。そんな折、前長門市長からこのホテルの跡地を利用する開発プロジェクト誘致があったといいます。そこで星野リゾートは、「『界』の進出だけでなく、マスタープランをつくり温泉街全体を魅力的にしよう」と、画期的で斬新なプランを企画し提案しました。このプロジェクト振興の中で「界 長門」が誕生。これが"温泉地まるごと再生"のスタートでもありました。

　山口宇部空港から車で75分という少し遠く感じる距離感も人足を遠ざけてしまったのかもしれません。しかし、旅好きにとっては、遠隔地や僻地に"わざわざ行く"というセオリーがあり、そういう私も世界の旅では、時差を含めて3日もかかる遥かなる地へと向かうことも。そう思うと、車で75分という「界 長門」へのアクセスはワクワクのドライブでしかありません。

未来プロジェクトの実現
「長門湯本温泉観光まちづくり計画」

　星野リゾートの提案を基に始まったこの未来プロジェクトは、未来を見据えた温泉街全体のリノベーションとなりました。社会実験、住民説明会、ワークショップ、イベントなどが、様々な活動の企画、運営、サポート、情報発信を行う「市民参加型プロジェクト」として公開され、現在も活動中です。そして'20年3月、予定通り「白木屋グランドホテル」の跡地を活用して「界 長門」が、大きな期待と共に開業に至りました。こうして観光まちづくり振興は、専門家検討会議や

左／「長門湯本みらいプロジェクト」で町おこしの開発が徐々に進む長門湯本温泉。右上／宿の向かいにある長屋を改装した飲食店では、山口名物の「瓦そば」を提供。右下／音信川に毎日遊びに来るシロサギとアオサギ。

左／春になると桜並木に包まれる川沿い。温泉郷のテーマ"そぞろ歩きが楽しくなるまち"どおり、夜間のライトアップも。右／2020年3月リニューアルオープンの「恩湯」。山口県最古、600年の歴史ある立寄り湯。

住民のワークショップ、意見交換会などを経て、公民連携の新温泉街誕生へと活動が加速してきたのです。

　星野リゾートは、町や地域ぐるみの活性化を推奨し、それを形成することにとても長けています。成功例を挙げるならば、「星のや竹富島」でしょうか。「星のや竹富島」は、島の伝統文化に敬意を払い、島の魅力を発信し続けることに挑戦し、それを成し遂げています。そして今、ここ長門湯本温泉での「界 長門」にも共通点が見えてきます。キーワードは"地元民と共に"。そして目指す先は"活性する未来"なのです。

　実際に長門湯本温泉の各旅館では、世代交代を済ませた若主人たちがプロジェクトに賛同・協力しています。そして長門湯本温泉の礎であり、何よりも重要な施設である「恩湯」がリニューアルされ、温泉の開祖である湯の神様が祀られています。また、長屋を改装した飲食店や名物の焼き鳥屋さん、テーマのあるカフェもオープン。さらに、ブリュワリーも近々誕生といいますから、こうしたプロジェクトのお蔭で、若い観光客もより増え始めることでしょう。2度目となった今回の訪問では、確かに、町全体が"闊歩"し始めているのを感じました。

(Data)

界 長門

山口県長門市深川湯本2229-1　☎0570-073-011（界予約センター）
客室数 40室　施設 大浴場、湯上がり処、食事処、トラベルライブラリー、ショップ、あけぼのカフェ ほか
アクセス 車／中国自動車道 美祢ICより約30分、山口宇部空港より約75分
電車／JR長門湯本駅より徒歩15分

5 reasons why I love it!

O1 温泉

神授の湯にゆったりと浸かる
"うるはし現代湯治"の提案

600年もの間、渾々と湧く長門湯本温泉
は神の恵みと言われます。館内の大浴場に
は「あつ湯」と「ぬる湯」があり、ぬる湯
は源泉掛け流し「神授の湯」。また、宿の
近くには岡昇平氏デザインのレトロモダン
な立ち寄り湯「恩湯」があります。

O2 景観

四季折々の彩りを魅せる山と
清流のせせらぎ音に癒やされる

長門湯本温泉街を流れる音信川沿いに佇む
「界 長門」。河原にはプロジェクトの一環
として造られた川床や足湯も登場。川沿い
の遊歩道は桜並木が美しく、春は館内でお
花見が可能。また周辺は秋の紅葉も見事。
四季の情緒に溢れています。

O3 客室

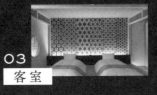

藩主が宿泊した地元伝統の香り
ご当地部屋は「長門五彩の間」

かつて参勤交代の際に各藩の藩主が滞在し
た屋敷をイメージして造られた客室。壁に
は華やかな徳地和紙が貼られ、萩焼の器や
大内塗など、伝統工芸を設えた"地元感"が
印象的。本館と別館、すべての客室がご当
地部屋として造られました。

O4 料理

新鮮な山海の幸をふんだんに
「ふぐと牛の源平鍋会席」も

魚貝をはじめ新鮮食材に恵まれる山口らし
く食材は絶品。秋から冬の特別会席は、出
汁にもタレにもミカンを使用した「ふぐと
牛の源平鍋」を提供。名物「瓦そば」をア
レンジした「牛と旬菜の瓦焼き」には山口
県オリジナルの柑橘「ゆずきち」の風味で。

O5 アクティビティ

藩主も愛用した「赤間硯」を体験
温泉街のそぞろ歩きや川床遊びも

山口県の伝統工芸品である赤間硯。墨を磨
り、扇子型の和紙に絵や文字を綴る貴重な
体験はおすすめ。精神統一して心を正し、
筆を持つのも新鮮です。宿から徒歩圏内の
名刹「大寧寺」や、車で30分の「金子みすゞ
記念館」も立ち寄りたいスポット。

HOSHINOYA-FUJI

星のや富士

(山梨・富士河口湖)

富士山麓の湖畔、森の中で過ごす
本格的なグランピング

　グラマラスなキャンピングを"グランピング"と呼び、世界中にこの言葉が飛び交うようになりました。この新しいキャンプの概念は、2005年頃に英国で生まれたと言われています。まずは「風光明媚な場所、自然の豊かな地域で流行り始め、ラグジュアリーでありながらアウトドアの大変さが軽減される」と同時に、キャンプのアクティブな雰囲気が体験できるアウトドアリゾートとして位置づけられています。キャンプ自体の元を辿ると、19世紀の英国に端を発していると記された文献を見つけました。産業革命が英国社会に大変革をもたらし、余暇や潤沢な資金を手に入れた富裕層が、植民地やインド、アフリカまで出かけ、大自然の中で贅沢なキャンプをしたことに端を発しているというのです。いつの世も"ラグジュアリー"という魔法のようなキーワードが新たな文化の拡散を生み、流行を先導し、富裕層の冒険心に火を点してきたのですね。

　実はグランピングという言葉がまだ日本には浸透していなかった頃、私自身も

左／山裾にあるレセプションに到着すると、まず好みの色や形のリュックを、グランピング滞在中の必需品として借りられる。右／夜にはホットカクテルなどを飲みながらボードゲームに興じるもよし。

ラグジュアリーなキャンプを求めてアフリカ諸国やメキシコ、インドなどを何度も訪れ、一般的なキャンプとは違う、楽で豪華な"いいとこ取り"という、贅沢過ぎるキャンプ体験を経験しています。私はただの旅好きですが、そういう施設には、豪華リゾートに飽きた裕福なトラベラーや冒険好き、秘境旅愛好家など、時間も資金も余裕のあるセレブリティが訪れていました。

　日本では2000年頃から観光業界でも少しずつ注目され、'15年頃になるとグランピングの本格参入が始まりました。星野リゾートが樹海や富士五湖の点在する富士山麓に、本格的なグランピング施設「星のや富士」を開業したのも'15年10月でした。まさにほかの施設に先駆けてのオープンだったわけです。

森の遊びと、"森を食べる"食事
そしてグランピングマスターとの時間

　富士五湖の中で周囲が最長の河口湖を目の前に見晴らし、数百年もの時を経た針広混交林に包まれた丘陵地の森全体が「星のや富士」の敷地です。まずは施設と少し離れた山の麓に造られたレセプションで、"森の民"と呼ばれているスタッフから歓迎を受けてチェックイン。そこでは用意された色とりどりのリュックから、滞在中に使う自分好みのものを借りることに。リュックの中にはアウトドアの必需品"七つ道具"が入っています。準備が整ったらスタッフが運転するSUV車に乗り込み、キャビンと呼ばれる客室へと移動。いよいよ"森の民"同様、森とグルメと非日常、そして自然との対話を楽しむ滞在がスタートするのです。

　「星のや富士」のグランピング施設は、ウッドデッキが重なり合うように造られたクラウドテラスが中心です。敷地の標高は低いところで830mですが、クラウ

ドテラスがあるのは最高点で標高930m。洒落た山小屋風の建物内にはライブラリーカフェ、建物の前にはウッドデッキテラスと焚火ラウンジがあります。木々の合間にはハンモックが吊られ、木漏れ日の中での昼寝なんて最高です。食事の場所は自由に選べるので、厳しい冬でも安心。炬燵の用意されたキャビンのテラスでインルームダイニング、屋外ダイニングのフォレストキッチン、中央に大きなグリル台のある屋内のメインダイニングの3ヵ所が。「寒さも自然も好き。でも食事は暖かい場所がいい」という贅沢派は、メインダイニングで振る舞われる季節のディナーコースをゆったりと楽しむのがおすすめです。

　そんな滞在中に常にゲストに寄り添い、様々なことを教えてくれるのがグランピングマスターです。彼らは薪割りや火のおこし方、燻製の作り方など、森でのアクティビティの専門家として、優しく丁寧に指導してくれます。施設は河口湖の湖畔にあり、好天かつ幸運ならば、名峰富士が顔を出してくれます。富士山麓でのグランピングは清浄な空気と穏やかな滞在に心も体も癒やされ、パワーチャージがたっぷりとできました。

左／キャビン内での朝食は木箱に入った「モーニングBOX」。中／さすが、グランピングマスターの薪割り姿。右／森の最高地にあるクラウドテラスは、お茶タイム、Barや演奏会など、様々な遊びのフィールドに。

（ Data ）

星のや富士

山梨県南都留郡富士河口湖町大石1408　☎0570-073-066（星のや総合予約）
【客室数】 40室
【施設】 ダイニング、クラウドテラス、ショップ ほか
【アクセス】 車／東富士五胡道路 河口湖ICより約20分、
新東名道路 新富士ICより約70分　電車／富士急行河口湖駅より車で約18分

5 reasons why I love it!

O1 自然

せっかくのグランピングだから
ワイルドに自然と親しもう！

6haの広さの急斜面に施設が点在。運動
不足の人は慣れるまで急坂の上り下りはキ
ツイはず。ただ自然との一体感に慣れてし
まえば快適そのもの。贅沢な施設とはいえ
グランピングの基本はキャンプです。積極
的に自然と戯れてパワーチャージを。

O2 景観

**山に抱かれ五感を研ぎ澄ます
キャンプの醍醐味を知る滞在**

河口湖の湖畔、山の斜面に広がる森に包ま
れる施設。プライベート感溢れる贅沢な施
設造りはグランピングならではのアウトド
ア型スタイルです。斜面を上り下りしなが
ら過ごすアクティブな滞在では、光を浴び
て森のフィトンチッドに包まれて！

O3 客室

**森に隠れるようなキャビン
窓からは富士山も遠望**

キャビンと呼ばれるレイクビューの客室の
外観はコンクリートの打ち放し。室内はシ
ンプルモダンな設えです。冬の寒さの中で
テラスに用意された炬燵に首まで潜り込
み、富士山を眺めるのは至福の体験。夏の
テラスでの朝食も爽快です。

O4 料理

**ジビエのグリル料理は
3つのダイニングで味わう**

森の命をいただくジビエをダイナミックに
グリルし、室内のメインダイニング、屋外
ダイニング、キャビンのいずれかで。おす
すめは屋外。グランピングマスターの手ほ
どきで、火入れから盛り付けまで自身で仕
上げるのがグランピング流です。

O5 アクティビティ

**自然の中で体を使って楽しみたい
あれもこれも未知のスポーツ体験**

森と山、湖という絶好の自然が舞台。カヌ
ーで湖上散策、電動アシスト付きマウン
テンバイクで富士山麓周遊、山登り。個人的
には樹海を知り尽くしたガイドと歩くネイ
チャーツアーが面白かったです。ピザ作り
などのインドア・アクティビティも充実。

KAI-ITO

界 伊東

(静岡・伊東温泉)

日本有数の温泉湧出を誇る伊東温泉
穏やかな気候に心も体もゆったり！

　温暖な気候で知られる伊豆地方の中心地、伊東温泉には、古くから栄えた温泉地らしい老舗旅館や有名ホテルが立ち並んでいます。昔から寒い冬になると、東京や関東の温泉愛好家は、思い出したかのように決まって伊豆に足を向ける習慣がありました。中でも伊東は“常春の地”と呼ばれ、訪れた人々を冬の寒さの緊張から解き放ってくれています。別府、湯布院と並んで、伊東は“日本三大温泉”と言われているのをご存知でしょうか。天城山系を借景に相模湾に向かって開けた温泉地である伊東温泉は、温泉湧出量が毎分約3万リットルという驚きの湯量を誇っています。さらに泉質は、カルシウム・ナトリウム–塩化物・硫酸塩温泉の“美肌の湯”としても知られ、これら成分から体がポカポカと温まり湯冷めしにくい温泉とも言われているのです。

「界 伊東」で出迎えてくれた総支配人の日生下和夫氏は、「大事な仕事はいろいろありますが、まずは優秀な“湯守り”になるのが使命」と微笑みました。湯守り

とは源泉の管理人のこと。この施設では、全客室の内風呂が源泉掛け流しであり、庭に造られた足湯や、一年中適温（30℃前後）の屋外源泉プール、大浴場、さらには大浴場の露天風呂にある巨岩を伝わる滝まで、すべてが温泉利用とあって湯守の仕事は大変そうです。4つの源泉を持ち、毎分600リットルという豊富な湧出量の湯を誇る施設だからこその温泉三昧と言えるでしょう。

日本古来の花"椿"は伊東市の花木
椿にちなんだ和小物やアートが光る

　3月を迎えるとロビーには季節限定で飾られる伝統の「雛のつるし飾り」が目に映り、一目でわかる繊細な手作り感が心を和ませてくれます。江戸の頃から稲取や伊東近郊で作られていた「雛のつるし飾り」ですが、館内にはオリジナルデザインの作品も飾られています。子供の健康や幸せを祈り、祖母から母へ、母から子へと受け継がれてきた伝統細工の温かさが伝わってきます。また、客室は全室が伊豆の四季を草花で表現したご当地部屋「伊豆花暦の間」として造られました。花暦とは、月ごとに咲く代表的な花を季節の順序で記載した暦のこと。客室内には、季節の花を描いた床の間飾りの「飾り板」や、季節を繊細な色で表現した「花暦スクリーン」が飾られています。このスクリーンは、伊豆の草木や花で染めた糸で織られ、淡く優しい色が四季を奏でています。

　今回の訪問では、この「花暦スクリーン」の作家である染織家の石丸みどり氏にも会いに行きました。中伊豆の山と畑の広がる里山に工房があり、今、手掛けている作品は椿の木の皮で染めるといいます。山繭を近くの山で見つけ、一本の

左／8名まで泊まれる特別和室は三世代家族に人気。右上／季節限定の特別プランで提供される"アマビエ"の姿をした和菓子とお茶で歓迎！　右下／静岡随一の湯量を誇る伊東温泉。もちろん宿の温泉も源泉掛け流し。

左／客室に飾られている「花暦スクリーン」の作家工房へ。作家が山で見つけたという珍しい自然の「山繭」を見せてもらった。右／自慢の和会席から「宝楽盛」。山海の幸は、まさに伊豆の恵み。

糸を紡ぐことから始めるという石丸氏。染めた糸を機織り機にかけ、一本一本丁寧に織り込んで作品を作るという気の長い作業です。予約をすれば、伊豆の間伐材を使ったフレーム機織り体験や、糸や布の草木染め体験もできるといいます。陽当たりのいい可愛い工房で一人作家活動をしている石丸氏は、「ここで作品を作っているとストレスがありません。ただ、気候変動のせいか、山の草木の状態が随分変わってきて……。最近では山繭も近くの山ではあまり見つからない」と語っていました。豊かな日本の四季が変わらないでほしいと祈るばかりです。

　さて、「界 伊東」のダイナミックな食事のこともお話ししましょう。近くには伊豆最大の港である伊東港があり、朝夕、新鮮な魚が水揚げされています。海産物が新鮮で美味しい理由です。そして一年を通して気候が温暖なため、豊かな自然の中で育つ山の幸も負けてはいません。とにかく伊豆は食材の宝庫。「界 伊東」では、伊勢海老・鮑・金目鯛という海の三大美味を堪能できる特別会席も提供されています。春には、蒸した金目鯛に椿油をかけて仕上げる「金目鯛の椿蒸し」、秋冬には2種類の出汁で味わう「山海鍋」がメインです。旅の目的が温泉ではなく食にあっても、期待は裏切られないでしょう。

（ Data ）

界 伊東

静岡県伊東市岡広町2-21　☎0570-073-011（界予約センター）
客室数 30室
施設 大浴場、湯上がり処、食事処、トラベルライブラリー、ショップ、源泉プール ほか
アクセス 車／東名高速道路 厚木ICより約100分、
小田原厚木道路 沼津ICより約30分　電車／JR・伊豆急行伊東駅より徒歩10分

5 reasons why I love it!

O1 温泉

古くから渾々と湧き出る温泉は
将軍や文豪に愛された名湯

伊東温泉は、江戸三代将軍の徳川家光が湯治湯として浸かったことが知られています。また、与謝野晶子・鉄幹夫妻、北原白秋、川端康成など文人墨客や芸術家も数知れず通った名湯。庭の足湯もプールも贅沢に温泉が使われた宿で"温泉道"を極めますか？

O2 景観

家族連れで過ごす温泉地では
穏やかな時の流れにリラックス

伊豆の中心地でもある伊東は街中央を流れる松川河畔一帯を中心とする伊豆随一の温泉地。窓からは一方には庭園、もう一方には低い山に囲まれた伊東の町並みが望めます。近くには大室山、伊豆シャボテン公園、「伊豆八景」など観光スポット満載。

O3 客室

季節感溢れるご当地部屋は
優しい彩りの「伊豆花暦の間」

伊豆の草花で伊豆を表現・デザインしたご当地部屋「伊豆花暦の間」。椿、河津桜、藍など約20種類もの伊豆の植物で染め上げた糸を丁寧に織る手仕事「花暦スクリーン」も季節感を彩っています。また三世代で滞在できる客室も、ここならでは。

O4 料理

温暖な気候の恵みで豊富な食材
季節をいただく贅沢な料理

伊東の海ならではの高級食材、伊勢海老・鮑・金目鯛の三大美味を堪能できる特別会席のほか、季節の会席にも旬の食材がずらり。名物の「金目鯛の椿蒸し」や滋味スープとブイヤベースを食す「山海鍋」はおすすめです。ご当地朝食も人気です。

O5 アクティビティ

椿油を搾る初めての体験や
椿に纏わる手仕事にも挑戦

「椿蒸し」など、料理にも使われる椿は伊東市の花木。ここでは種から抽出する「椿油づくり」体験が可能。搾った椿油は入浴後の保湿に、また小瓶に入れてお土産にも。申し込みをすれば「花暦スクリーン」の作家を訪ねて「フレーム機織り体験」も。

AOMORIYA

青森屋

(青森・三沢)

青森の原風景と北国の伝統を凝縮
"体験型ステイ"の温泉宿

　　かつて「古牧グランドホテル」として愛されていた温泉宿が2004年に閉鎖され、'05年11月から星野リゾートが運営を開始。その後「古牧温泉 青森屋」、そして「星野リゾート 青森屋」へと名を変えていきました。

　　新たに蘇った「青森屋」には、地元の温泉ファンはもとより、都会からも、全国からも、星野リゾートのファンがひっきりなしに集まり、以前とはすっかり趣きの異なる体験型リゾートとなりました。

　　敷地内の「青森屋公園」には、池や「南部 曲 屋」、「ふれあい牧場」などがあり、歩いて散策するのも気持ちのいい距離なのです。秋には、青森近郊でのみ食べられている地元名産のリンゴ「黄王」や「恋空」などを馬車の中で味わいながら、敷地内を一周する「紅葉りんご馬車」も人気です。馬を引いてくれるスタッフの思いきりのいい青森弁に触れるのも旅情たっぷり。「あおもり工房」では、アクティビティの一つとして「津軽塗の箸作り」など、手作り体験も実施されています。

左／アクティビティの筆頭「公園巡り馬車」。冬は薪ストーブ馬車、夏は風鈴馬車など、季節感のある楽しみ。右／敷地内に建つ古民家「南部曲屋」では、海の幸15品を取り入れた「七子八珍会席」を提供。

　随分前のことですが、星野リゾート代表の星野氏が、開業したばかりの「青森屋」について、こう話していたのを思い出しました。「あそこはスタッフの熱量が凄いんです。それに、青森弁も直す必要はないと皆に言っています」と。「青森屋」に滞在して納得しました。旅先ではその土地の言葉も聞きたいもの。本物の青森弁を聞くことができたら、異郷の地に旅をしている感動に一気に包まれてしまいそうです。そして次回訪れた時には「あおもリンガル」というアクティビティに参加し、3種の青森弁や早口言葉などを学んでみたいと思います。

青森は東北のグルメ王国
料理作りもエンターテイメント

　施設内のレストラン「みちのく祭りや」では、青森を代表する賑々しい青森四大祭り（青森ねぶた祭、八戸三社大祭、五所川原立佞武多、弘前ねぷたまつり）のショーが夜な夜な開催されています。年齢を問わず、ゲストが一緒に祭りに参加し、踊りながら楽しめるのも旅ならではの思い出のひと時です。夕食時に始まるショーは、威勢のいい笛、手振り鉦、太鼓など祭りを盛り上げる「ねぶた囃子」から始まり、「ラッセラー」という掛け声と共に巨大な山車や跳人が現れると、ワクワクするほどの興奮に包まれてしまいます。箸を置き、多くのゲストが一緒に飛んだり跳ねたりして祭りの踊りに参加し、観ているだけの人も、この賑わいにすっかり魅了されるのです。こうした体験がリピーターを生むのでしょう。

　施設内には、この「みちのく祭りや」を含めて4つのレストランがあり、絶品の山海の幸や、豊富な地酒、素朴な"おふくろの味"といった地産地消の料理を、ビュッフェ、コース、アラカルトなどで体験できます。「南部曲屋」で提供されている「七子八珍会席」は、青森伝統の「七子八珍」を取り入れた料理です。「七

子八珍」は、7種類の魚卵（七子）と、8種類の珍味（八珍）のことで、青森では好んで食される逸品。日本酒の肴にもぴったりで、酒好きにはたまらない伝統食だと言います。立ち飲み席もカウンター席もある「ヨッテマレ酒場」は、食後に青森の地酒をもう一杯、という人に人気です。

　また、「青森屋」の朝食はこうでなくてはいけません。ビュッフェレストラン「のれそれ食堂」で振る舞われる朝食は、割烹着姿の"かっちゃ（お母さん）"が笑顔でお出迎えしてくれ、わずかですが青森弁も聞かせてくれました。割烹着姿は、幼い頃に見た母の姿を思い出させ、懐かしさは沸点に達したほどです。青森の伝統料理だけでなく、和洋中の人気メニューやリンゴのカレー、さらに海鮮丼は好きな具材を好きに選んで自身で作るなど、ビュッフェレストランらしい醍醐味があります。その都度、目の前で作られるアツアツの郷土料理も満載で、ついつい食べ過ぎてしまいます。人気の朝食にかける意気込みはさすがに凄い！　大いに楽しみ、元気な一日の始まりとなりました。

左／「青森ねぶたの間」は、リビングの立体ねぶたや寝室の天井ねぶた絵など、ねぶた尽くし。右上／スコップ三味線の楽しさは病みつきに。右下／青森が誇る珍味尽くしの郷土料理「七子八珍会席」。

(Data)

青森屋

青森県三沢市字古間木山56　☎0570-073-022（星野リゾート予約センター）
客室数 236室　施設 大浴場、レストラン、ラウンジ ほか
アクセス 車／第二みちのく有料道路 六戸JCTより約3分
電車／青い森鉄道三沢駅より徒歩15分　※三沢駅・八戸駅・青森空港・三沢空港より無料送迎バスあり（要予約）

5 reasons why I love it!

01 温泉

**元湯をはじめ4ヵ所を巡る
湯量豊富な古牧温泉で湯浴み満喫**

1971年に湧出した湯量豊富な古牧温泉。池にせり出す斬新なデザインの露天風呂、青森ヒバの内湯「ひば湯」、足湯、元湯など4ヵ所で温泉が楽しめます。温泉に浸かるだけで新陳代謝が高まり、肌がしっとりとすると評判の"美人の湯"です。

02 景観

**青森の懐かしい原風景を垣間見る
山間の温泉、馬車、古民家、民芸品**

青森県三沢市や上北郡六戸町にまたがる22万坪の敷地は、「青森屋公園」として整備。春の新緑、秋の紅葉に恵まれた風景の中、古民家を改装して造られた「南部曲屋」や「八幡馬ラウンジ」などが点在する、青森伝統文化を体現したリゾートです。

03 客室

**迫力ある"ねぶた尽くし"や
ずらりと揃う伝統工芸品に地方色**

「青森ねぶたの間」は名前の通り、ねぶた尽くしの客室。青森弁で"心地いい"という意味の「あずまし」客室など各部屋に、地元工芸品の八幡馬、南部裂織のタペストリー、八戸焼の茶器などを揃え、青森流のおもてなしをしてくれます。

04 料理

**新鮮な山海の恵みと郷土料理
豊富な地酒も見逃せない**

青森はグルメ大国。宿一押し「みちのく祭りや」、「のれそれ食堂」、「南部曲屋」、「ヨッテマレ酒場」と、施設内にはそれぞれに違う郷土料理が楽しめるレストランが4ヵ所も。食後は地酒が揃う酒場で、心ゆくまで青森を満喫しましょう。

05 アクティビティ

**滞在そのものがアクティビティ!
飽きないエンターテイメントの宿**

青森ヒバ製の一頭立ての馬車で敷地内を周る散策は四季を通じて。また青い森鉄道で行く青森までの往復乗車券とワ・ラッセ入館券、ランチ付の「のれそれ青森・日帰り列車旅」も面白い。3種類の青森方言を習う「あおもリンガル」は大人気です。

KAI NIKKO

界 日光

(栃木・中禅寺温泉)

穏やかな水面に映る勇壮な男体山
清々しいレイクビューに憩う

　日本でも有数のマウンテンリゾートとして知られる日光・中禅寺湖エリア。この地は軽井沢や箱根がそうであったように、古くから外国人居住者たちのリゾート地として愛されてきました。海抜500mにある日光の町から、いろは坂を一気に上り詰めれば「界 日光」はもう間もなく。標高2486mの男体山が眼の前に迫る海抜1269mの中禅寺湖畔に建っています。

　日光連山が神の宿る霊峰として多くの修験者や山伏が修行し栄えてきたことを知れば、その麓に水を湛える中禅寺湖畔もパワースポットであると聞いても不思議ではありません。でも、この中禅寺湖が「日本百景」の一つに選定されていることは知りませんでした。一方、日光の街中にある「日光東照宮」は、1999年に世界遺産として登録されました。環境に恵まれた観光地である日光を味わい尽くすには、まず町で世界遺産に詣で、日本有数の秋の紅葉が楽しめる「いろは坂」の急なヘアピンカーブを上り詰め、やがて風光明媚な中禅寺湖周辺に辿り着く

……というコースを選べば間違いないと言えそうです。

　中禅寺湖畔を注視すると、かつては裕福な外国人や政府高官、セレブリティら
が訪れた贅沢なマウンテンリゾートだったことに気づきます。旧在日イギリス人
宣教師が湖畔に別荘を構えた後、各国の大使館別館が次々に建てられたのも、都
心に近く類いまれな自然の景観に魅了されたからに違いありません。近くには関
東地方で最も早く冬が訪れる戦場ヶ原も控えています。そんな中禅寺湖付近の情
景は、英国の田舎やスコットランド地方に酷似していると言われ、それが英国を
はじめヨーロッパの人々に郷愁を感じさせたのでしょうか。現在でも「界 日光」
の近くには、1928年に建築されたイタリア大使館別荘が瀟洒な和洋折衷の洋館
として姿を残し、その周辺は散策できる記念公園に整地されています。さらに、
そこから徒歩5分ほどの場所には、湖畔の外国人別荘を代表する明治の洋館「旧
英国大使館別荘」も再現され、森に包まれる湖を眺めながらアフタヌーンティー
が楽しめる憩いの館となり、訪れる人を優雅な午後に誘っています。

夏は避暑地、秋は日本有数の紅葉、
温泉の魅力が増す冬は絶景の雪景色

「界 日光」は、日光のシンボルである男体山の麓、暑い夏を涼しく過ごすため
のリゾート地として古くから世界中の人々に愛されてきた中禅寺湖畔に佇んでい
ます。そして、四季を通じて多彩な自然環境を披露する温泉旅館として魅力を発
信しています。今回の滞在は夏の終わり頃でしたが、次回は厳寒の冬に訪れたい
と思ったのです。寒い地域の宿や観光地は、冬にはとにかく輝きます。落差97m
の華厳滝は真冬に凍ることもあり、その凍った姿が見られたらラッキーなので
す。また宿には、雪景色を見ながら浸かれる露天風呂があり、間違いなく湖と男

左／400年継がれる伝統工芸「日光下駄」。右／日光東照宮内の神厩舎に飾られる三猿「見ざる、言わざる、聞かざる」。
これは叡智の3つの秘密を表すと言われる。宿では、三猿が描かれた器が「八寸」に使われている。

左／標高1300mのアルカリ性単純温泉。男女別に内湯と露天風呂が。右上／組子ライブラリーに隣接するロビー付近で見かけたスペース。湖を眺めつつ、手紙をしたためたくなる。右下／キーホルダーも伝統工芸を模して。

体山の雪景色は美しいはず！　と想像しています。それに、スタッフからは「組子ライブラリーから眺める白銀の世界は一見の価値がありますよ」と、お墨付きも。ただ凍り付いた冬のいろは坂を上るのは至難の業ですし、車の運転に慣れている地元の人でも大変です。そこで、「界 日光」では、冬季・宿泊者限定で東京発着の宿直通無料送迎バスを運行させています。これを知れば、冬季のアクセスにも思い悩む心配は要りません。

　この「界 日光」のほかに、栃木県内には「界 鬼怒川」「界 川治」という星野リゾートの温泉旅館が揃い、いずれも名湯と謳われる老舗温泉地が舞台となっています。鬼怒川温泉では町を俯瞰する高台の森に、川治温泉では野趣溢れる渓流沿いに建ち、それぞれに民藝とモダニズムが融合した温泉旅館です。贅沢ですが、県内3軒の「界」を周るホッピングツアーはおすすめです。それぞれに違う郷土料理に舌鼓。そして渾々と湧き出る温泉に浸かり、ご当地楽で地元文化に親しむ……。日本ならではの温泉旅の醍醐味ではないでしょうか。

(Data)

界 日光

栃木県日光市中宮祠2482-1　☎0570-073-011（界予約センター）
客室数　33室
施設　大浴場、湯上がり処、食事処、トラベルライブラリー、ショップ ほか
アクセス　車／日光・宇都宮道路 清滝ICより約30分
電車／JR日光駅および東武日光駅よりバスで約40分、中禅寺温泉停留所下車後徒歩約10分

5 reasons why I love it!

01. 伝統工芸

**日本の歴史が生んだ世界遺産の町
宿には時代背景を映す伝統工芸品**

ご当地部屋「鹿沼組子の間」の障子の格子は、東照宮造営のため全国から鹿沼に集結した匠の木工職人が、釘や接着剤も一切使わず作った美しい組子。また400年の歴史ある日光下駄も見逃せません。レトロで新しい日光下駄はお洒落で洋服にもGOOD!

---

02 景観

**名峰男体山の麓で
中禅寺湖畔の清浄な空気を深呼吸**

2万年も前に男体山噴火によってできた中禅寺湖（日本最高地点の湖）の畔に建ち、男体山が手の届きそうなほどに迫りくる情景は圧巻。また湖畔を歩けば、春の新緑、初夏のツツジ、秋の紅葉など四季折々の自然の中に洋館やホテルが点在しています。

03 客室

**刻一刻と変わる湖面の移ろいに
時を忘れる静かな滞在**

3000坪もの広大な敷地に客室はわずか33室。どの客室も60㎡以上のゆとりの広さがある贅沢な造りです。ご当地部屋「鹿沼組子の間」にある芸術的な細工は見逃さないで欲しい！　2室限定のプライベートサウナ付き特別室も。

---

04 料理

**特徴的な日光湯波と精進料理は
独自の発展を遂げた日光の食文化**

日光といえば湯波が特産品です。精進料理に欠かせない大豆の加工品である湯波の歴史は古く1200年も前に中国から伝わったのが起源とされます。宿では色彩豊かな器で会席料理として提供されます。また、新しい湯波料理も続々登場しています。

05 アクティビティ

**湖畔で過ごした後は少し遠出も！
いろは坂を下りて世界遺産詣で**

伝統の日光下駄でカランコロンと散策をするもよし。「下駄で訪ねる社寺参拝」はいかがですか。希望とあれば日光下駄職人の工房を訪ね、400年の伝統工芸に触れるのも興味深いこと。また、湖畔のサイクリングや遊覧船、華厳滝観光もおすすめです。

HOSHINOYA KYOTO

星のや京都

（ 京都・嵐山 ）

嵐山の麓で四季を奏でる"水辺の私邸"
伝統文化を宿す極上の隠れ家

　古都京都において、17もの文化財がユネスコ世界文化遺産に登録されたのが、平安建都1200年を迎えた1994年12月。それまでも京都は世界に名だたる観光都市でしたが、世界文化遺産に登録された後はさすがの賑わいを見せ、国内外の観光客で溢れかえりました。日本人の私たちから見ても魅力的な町ですから、外国人にとっては時代絵巻の中から飛び出たような憧れの都であり、映画のセットのようでもあるのでしょう。古刹名刹が残る町並みに、五感をたっぷり刺激されながら散策できる京都は、誰にとっても絶好の旅先であるに違いありません。

　日本旅館「星のや京都」は、そんな京都でも人気の高いエリアの一つである奥嵐山にあります。嵐山のランドマークである渡月橋を渡り、南端のたもとにある専用舟着き場から免許を持つ宿のスタッフが操縦する舟に乗り、大堰川をゆったりと遡ります。嵐山に包まれるように川畔に佇む"隠れ家"のような施設までは15分余り。渡月橋から川岸に沿った散策路を歩いて向かうこともできますが、舟

左／専用船に乗り、行き交う船や対岸の賑わいを見ながら水辺の私邸に向かう幽玄のひと時。このわずかな時間が非日常への入り口。（写真は観光用屋形船）右／入り口近くの「水の庭」でチェックイン時に奏でられる歓迎の演奏。

に乗るという、古の頃と変わらぬ手段で非日常の世界へと誘われる方が「星のや京都」らしい情緒的なアプローチ。以前、星野リゾート代表の星野氏に同施設について伺うと、「魅力はまずロケーションでしょう」と即答でした。渡月橋から川を2回蛇行するだけで別世界に入る、その立地条件は特別なのです。

感動的なロケーションに加え
設え、庭園、食にも伝統が生きる

「星のや京都」が建つのは、宿の前を流れる大堰川や同じ京都の高瀬川を、私財を投じて開削した戦国時代の豪商、角倉了以が別邸・書庫として使っていた私邸があった場所でした。建具、戸、敷居、天井、鴨居、欄間、そして窓に付けられた風情のある欄干などは、その後に「嵐山温泉 嵐峡館」として風靡した旅館らしく、腕利きの職人たちが施した繊細で高度な技術が伝わってきます。こうした美しい建築様式の価値を残すために、京都が誇る気鋭の職人により、伝統技法の「洗い」が施されました。汚れや軋みを直すため、一つひとつ丁寧に手が加えられ、格式を備えた「星のや京都」が誕生しました。建物を壊すのではなく残すという方法を選び、新たに現代の快適性を加えたデザインが礎となったのです。
　宿の庭は、代々文化財の庭園を手掛けてきたという京都・植彌加藤造園の庭師が、空間プロデューサーのデザインと共に端正に仕上げたといいます。春は百花繚乱。桜の名所である嵐山は、その桜と共に一斉に咲く花々によって山肌が色を変えるのです。宿の周りを包み込む桜は窓に映り込み、川面を染め、訪れる人の心まで桜色に染めてしまいます。初夏から夏にかけては、勢いのある黄緑と深緑のグラデーションにパワーチャージされるほど。秋を迎えれば、木々の葉は赤や深紅、黄金に染まり、一年で最も嵐山界隈が賑わう紅葉シーズンを迎えます。冬

の木々は葉を落とし、凍てつく水面は寂しい印象もありますが、暖かい客室で静かに過ごす休息にはもってこいの季節。"陰影礼賛"、日本古来の美意識や感性を研ぎ澄まし自然を愛でる束の間の冬でもあるのです。

　京都は1200年以上もの間、誇り高き都として伝統や慣習を育み、貫き、新しさも積極的に受け入れてきました。今に継がれる茶道、香道、華道。そして文学、雅楽、能、狂言、歌舞伎など、日本の誇る魂を支える幾つもの真髄が京都から生まれました。もちろん食文化も独自の発展を遂げてきたのです。食材そのものの味を活かす薄味、出汁を重要とした洗練された料理は、京野菜、京の漬物、地酒などと共に今も京料理の基本を成しています。「星のや京都」では、"和洋の技でもてなす饗宴。"と掲げ、料理長は新しい京料理を提案。「京都の季節感に洋のエッセンスを取り入れる。新しい京料理を再発見して欲しい」と願っています。主役は生産者だと言い切る料理長は、フレンチの技術を駆使し、"五味自在"をコンセプトにグローバルな京料理の独自性を披露しています。

左・右上／すべての客室が瑠璃色の大堰川に臨み、窓には四季が織り成す自然の情景が映る。右下／季節感に彩られた京料理の再発見。朝食は、料理長が特製の出汁にこだわった野菜たっぷりの朝鍋を客室で。

(Data)

星のや京都

京都府京都市西京区嵐山元録山町11-2　☎0570-073-066（星のや総合予約）
客室数 25室
施設 ダイニング、ラウンジ、ショップ、水の庭、奥の庭、Salon&Bar蔵 ほか
アクセス 車／名神高速 京都南ICより約30分
電車／JR京都駅より車で約30分

5 reasons why I love it!

01 伝統意匠

**匠の技を残した邸内の伝統美
今に伝わる貴重な意匠の数々**

客室や邸内には貴重な職人技の美意識が残されました。天井の網代編み、丸天井、欄干、組み木壁、今では製造不可能な細かい障子戸、欄間などに。そこに新たに揉み唐紙、照明灯籠、畳ソファなどが加わり、新旧融合の"美"を創り出しています。

02 景観

**四季の彩りに染まる奥嵐山を借景に
ゆるりと流れる大堰川を臨む**

嵐山の渡月橋を渡り、橋のたもとにある専用の舟乗り場から大堰川を遡ること15分。賑わう対岸とは全く異なり、静けさの中に佇む美しい日本家屋。特に春の桜、秋の紅葉の情景は絵葉書以上に美しく、宿を染めながら木々に包み込まれる様子は万感！

03 客室

**全室が意匠の異なる和洋折衷
眺めは瑠璃色の川を行き交う船**

かつての豪商の別邸が時を経て旅館へと変わり、2009年12月に美しく改装され「星のや京都」が開業。和洋室、洋室、メゾネットなど異なる意匠の室内は、京唐紙、和モダンの照明、畳ソファ、組み木の壁など新旧融合の中にも格式を感じます。

04 料理

**昔から食材が豊富に集まる京都
料理を通して見る日本の季節感**

海外で研鑽を積んだ気鋭の料理長が、季節感を皿に盛り、"五味自在"をコンセプトにした独自の京料理の集大成を披露しています。「日本人には京料理再発見を、外国人には京料理との出会いを」と、料理を通して食文化を継承。

05 アクティビティ

**季節に応じた伝統の遊び方を提唱
選びきれないほどの提案**

「京の家元に学ぶ華道」「着物で京散歩」「聞香入門」など通年開催のほか、季節ごとの提案も。夏の「プライベート鵜飼鑑賞船」、春の「奥嵐山の花見舟」「さくらテラス」など、「星のや京都」ならではの豪華な遊びも用意されています。

施設一覧

▼ 星のや

星のや軽井沢（長野・軽井沢） ＞P.010

- ▶ 谷の集落に滞在する
- 📍 長野県軽井沢町星野
- Ⓐ 77室　2005年開業

星のや東京（東京・大手町） ＞P.108

- ▶ "和のもてなし"を世界に発信する日本旅館
- 📍 東京都千代田区大手町1-9-1
- Ⓐ 84室　2016年開業

星のや富士（山梨・富士河口湖） ＞P.120

- ▶ 五感に響く森のグランピングリゾート
- 📍 山梨県南都留郡富士河口湖町大石1408
- Ⓐ 40室　2015年開業

星のや京都（京都・嵐山） ＞P.136

- ▶ 奥嵐山に佇む水辺の私邸
- 📍 京都府京都市西京区嵐山元録山町11-2
- Ⓐ 25室　2009年運営開始

星のや沖縄（沖縄・読谷村） ＞P.038

- ▶ グスクの居館に滞在する
- 📍 沖縄県中頭郡読谷村儀間474
- Ⓐ 100室　2020年開業

星のや竹富島（沖縄・竹富島） ＞P.018

- ▶ 琉球列島はるか南、珊瑚の離島
- 📍 沖縄県八重山郡竹富町竹富
- Ⓐ 48室　2012年開業

星のやグーグァン（台中・谷關）

- ▶ 温泉渓谷の楼閣でまどろむ
- 📍 台湾台中市和平区博愛里東關路一段溫泉巷16号
- Ⓐ 49室　2019年開業

星のやバリ（インドネシア・バリ）

- ▶ 聖なる川に向かう運河の集落
- 📍 Br. Pengembungan, Desa Pejeng Kangin Kecamatan Tampaksiring, Gianyar 80552 Bali, Indonesia
- Ⓐ 30室　2017年開業

▼ 界

界 津軽（青森・大鰐温泉） ＞P.066

- ▶ 津軽三味線の迫力に包まれる
- 📍 青森県南津軽郡大鰐町大鰐字上牡丹森36-1
- Ⓑ 41室　2011年運営開始

界 松本（長野・浅間温泉）

- ▶ 音響抜群のロビーでコンサート
- 📍 長野県松本市浅間温泉1-31-1
- Ⓑ 26室　2006年運営開始

界 アルプス（長野・大町温泉）

- ▶ 信州の贅沢な田舎を体感する温泉宿
- 📍 長野県大町市平2884-26
- Ⓑ 48室　2006年運営開始

界 日光（栃木・中禅寺温泉） ＞P.132

- ▶ 中禅寺湖の絶景と伝統工芸にため息
- 📍 栃木県日光市中宮祠2482-1
- Ⓑ 33室　2013年運営開始

界 川治（栃木・川治温泉）

- ▶ 里山の知恵比べ、味比べ
- 📍 栃木県日光市川治温泉川治22
- Ⓑ 54室　2014年運営開始

界 鬼怒川（栃木・鬼怒川温泉）

- ▶ とちぎ民藝が光る木漏れ日の湯宿
- 📍 栃木県日光市鬼怒川温泉滝308
- Ⓑ 48室　2015年開業

界 箱根（神奈川・箱根湯本温泉）

- ▶ 箱根寄木細工にふれる滞在
- 📍 神奈川県足柄下郡箱根町湯本茶屋230
- Ⓑ 32室　2012年運営開始

界 仙石原（神奈川・仙石原温泉） ＞P.104

- ▶ 内なる表現欲と出会うアトリエ温泉旅館
- 📍 神奈川県足柄下郡箱根町仙石原817-359
- Ⓑ 16室　2018年開業

界 伊東（静岡・伊東温泉） ＞P.124

- ▶ 温泉づくし花暦の宿
- 📍 静岡県伊東市岡広町2-21
- Ⓑ 30室　2005年運営開始

界 アンジン（静岡・伊東温泉）

- ▶ マリンアンティークな空間で船旅気分
- 📍 静岡県伊東市渚町5-12
- Ⓑ 45室　2008年運営開始

界 熱海（静岡・伊豆山温泉）
休業中
- ▶ 2022年以降の再開業を目指し、改装中
- 📍 静岡県熱海市伊豆山750-6
- Ⓑ 16室　2009年運営開始

界 遠州（静岡・舘山寺温泉） ＞P.050

- ▶ 浜名湖を望む、茶処に佇む旅館
- 📍 静岡県浜松市西区舘山寺町399-1
- Ⓑ 33室　2010年運営開始

界 加賀（石川・山代温泉） ＞P.082

- ▶ 新しい感性が息づく加賀伝統の温泉宿
- 📍 石川県加賀市山代温泉18-47
- Ⓑ 48室　2005年開業

界 出雲（島根・玉造温泉） ＞P.058

- ▶ 出雲神話の神々が憩う「神の湯」
- 📍 島根県松江市玉湯町玉造1237
- Ⓑ 24室　2007年運営開始

界 長門（山口・長門湯本温泉） ＞P.116

- ▶ 藩主を癒した温泉街で新しい雅を体験する
- 📍 山口県長門市深川湯本2229-1
- Ⓑ 40室　2020年開業

界 阿蘇（大分・瀬の本温泉）

- ▶ 火の国、水の国がもたらす神仙境
- 📍 大分県玖珠郡九重町湯坪瀬の本628-6
- Ⓑ 12室　2011年開業

【お問い合わせ】　**A** 星のや総合予約 ☎ 0570-073-066　　**B** 界予約センター ☎ 0570-073-011
　　　　　　　　C リゾナーレ予約センター ☎ 0570-073-055　　**D** 星野リゾート予約センター ☎ 0570-073-022

界

NEW 界 霧島（鹿児島・霧島温泉）

▶ 桜島をはるかに見渡し、湯浴み小屋でうるおう宿
📍 鹿児島県霧島市霧島田口字霧島山2583-21
B 49室　2021年1月29日開業

桜島を見晴らす高千穂の峰にひっそりと佇む温泉宿

霧島錦江湾国立公園内、高千穂の峰の標高650mに誕生。大浴場は宿泊棟から少し離れたすすき野原にあり、スロープカーを利用して向かうのも新しい感覚。スタッフが舞うご当地楽「天孫降臨ENBU」も見どころ。

リゾナーレ

リゾナーレトマム（北海道・占冠）　> P.076

▶ 蒼き森の奥に佇む優雅な空間
📍 北海道勇払郡占冠村字中トマム
☎0167-58-1111　200室　2004年運営開始

リゾナーレ那須（栃木・那須）　> P.088

▶ 童心に帰る、高原のアグリツーリズモリゾート
📍 栃木県那須郡那須町高久乙道下2301
C 43室　2019年開業

リゾナーレ八ヶ岳（山梨・北杜）　> P.028

▶ 八ヶ岳高原にヨーロッパの街並み
📍 山梨県北杜市小淵沢町129-1
C 172室　2001年運営開始

リゾナーレ熱海（静岡・熱海）

▶ 大海原と夜景を見下ろす特等席
📍 静岡県熱海市水口町2-13-1
C 81室　2011年運営開始

リゾナーレ小浜島（沖縄・小浜島）

▶ 沖縄離島を満喫する、海辺のリゾート
📍 沖縄県八重山郡竹富町小浜2954
C 60室　2020年開業

OMO

NEW OMO3京都東寺（京都・東寺）

▶ 心の時空トリップ
📍 京都府京都市南区西九条蔵王町11-6
toji@omo-hotels.com　120室　2021年4月開業予定

世界遺産「東寺」エリアから市内観光へ

平安時代初期の僧侶である空海ゆかりの地として有名な東寺を巡り、自分と向き合い、心を整える滞在が目的。滞在中には、お茶目な仕掛けが多用意され、寝るだけでは終わらせない旅のテンションを上げる都市観光ホテル。

NEW OMO5京都三条（京都・三条）

▶ 京町らんまん川歩き
📍 京都府京都市中京区河原町通三条上る恵比須町434-1
D 122室　2021年4月開業予定

観光やショッピングなど、観光の拠点に最適

涼やかに揺れる柳に誘われるように歩いていると、歴史のトピックスを語る寺社や史跡にも出会える高瀬川沿い。"見る・買う・食べる"スポットがギュッと詰まった三条通りで、京町歩きを楽しむホテルが誕生。

OMO7旭川（北海道・旭川）

▶ たくさんの物語と街が調和するホテル
📍 北海道旭川市6条通9丁目
☎0166-29-2666　237室　2017年運営開始

OMO

OMO5東京大塚（東京・大塚）

▶ 路面電車のベルに心温まるレトロ東京
📍 東京都豊島区北大塚2-26-1
D 125室　2018年開業

BEB

BEB5軽井沢（長野・軽井沢）

▶ 時間を気にせずルーズに過ごすホテル
📍 長野県軽井沢町星野
D 73室　2019年開業

BEB5土浦（茨城・土浦）

▶ 合言葉は「ハマる輪泊」
📍 茨城県土浦市有明町1-30 プレイアトレ土浦3階
D 90室　2020年開業

そのほかの個性的な宿泊施設

トマム ザ・タワー（北海道・占冠）

▶ エゾシカが跳ねる雄大なリゾート
📍 北海道勇払郡占冠村字中トマム
☎0167-58-1111　535室　2004年運営開始

青森屋（青森・三沢）　> P.128

▶ ハネトが舞い、祭り気分が最高潮！
📍 青森県三沢市字古間木山56
D 236室　2005年開業

奥入瀬渓流ホテル（青森・十和田）　> P.100

▶ 国立公園の大自然に浸る渓流リゾート
📍 青森県十和田市大字奥瀬字栃久保231
D 187室　2005年開業

磐梯山温泉ホテル（福島・耶麻郡）　> P.112

▶ 磐梯山を望む高原リゾート
📍 福島県耶麻郡磐梯町大字更科字清水平6838-68
D 149室　2003年開業

軽井沢ホテルブレストンコート（長野・軽井沢）

▶ 別荘客に愛される瀟洒なホテル
📍 長野県軽井沢町星野　39室
☎0267-46-6200
1964年開業　1995年リニューアルオープン

西表島ホテル（沖縄・西表島）

▶ イリオモテヤマネコが棲む島のリゾート
📍 沖縄県八重山郡竹富町上原2-2
D 139室　2019年開業

サーフジャック ハワイ（ハワイ・ワイキキ）
▶ ワイキキを満喫する、レトロ・ブティックホテル
📍 412 Lewers Street Honolulu, HI 96815
D 112室　2020年開業

【 今後の開業予定 】

OMO5沖縄那覇（沖縄・那覇）　　　　2021年5月
嘉助天台（中国・天台山）　　　　　2021年春
界 別府（大分・別府温泉）　　　　　2021年6月
OMO5京都祇園（京都・祇園）　　　　2021年秋
界 ポロト（北海道・白老町）　　　　2022年1月
OMO1東京川崎（神奈川・川崎）　　　未定

おわりに

　本書は読み物として、また読み終えた後にはガイドブックにもなるようにとの思いで書かせていただきました。以前から泊まることの多かった星野リゾートの施設に、この執筆のため、再度、再々度と足を運んで取材を決行いたしました。各宿の広報担当の方々はもちろん、スタッフの皆さん、地元工芸品に携わる作家さん、アーティストさん、地元観光のリーダー、アクティビティのガイドさんやインストラクターさんなど、関係者の皆様に大変にお世話になりました。心よりお礼を申し上げます。

　また星野リゾートの一ファンとして、ほぼすべての施設を訪れているうちに"気づき"も多くありました。とりわけ印象深かったのは、「界」で披露してくれた様々なご当地楽です。ゲストを楽しませるために研鑽を積むスタッフの姿には頭が下がる思いでした。「界 日光」の日光下駄ダンス、「界 出雲」の神楽、「界 津軽」の津軽三味線、「界 遠州」の日本茶インストラクターなど、どれもプロ顔負けの技は忘れられません。

　実は企画から執筆に至るまで3年以上を要し、多くの助けをお借りし

て本書が出来上がりました。しかし、次々に開業する星野リゾートの宿すべてを追いかけるのはさすがに無理でした。ギリギリまで取材を続けましたが、「界 霧島」開業には間に合わず、本書の扉を閉めました。また、世界中で起きている新型コロナ感染症拡大のために、念願だった海外勢、バリの「星のやバリ」、台湾の「星のやグーグァン」、ハワイの「サーフジャック ハワイ」、中国浙江省に2021年春開業予定の「嘉助天台」は断念せざるを得ませんでした。

　このコロナ禍において、完全防備で向かった私たちクルー、編集者の林愛子さん、写真家の玉井幹郎さん、陰で支えてくださったFRaUプロデューサーの関龍彦さん、本当にありがとうございました。そして、最初から温かいご支援をいただいた星野リゾート代表・星野佳路さん、すべてに細やかな対応を続けてくださった森下真千子さん、新型コロナ感染症対策万全だった星野リゾートの現地の皆様、お蔭様で本が出来上がりました。心より感謝を申し上げます。

2021年3月吉日

ホテルジャーナリスト

せきねきょうこ

ホテルジャーナリスト。仏国アンジェ・カトリック大学留学後、スイスの山岳リゾート地の観光案内所に勤務。期間中に3年間の4ツ星ホテル居住。仏語通訳を経て1994年、ジャーナリズムの世界へ。ホテルの「環境問題、癒やし、もてなし」の3テーマで現場取材を貫く。世界的ブランドホテル「AMAN」のメディアコンサルタント、他ホテルのアドバイザーも。連載・著書多数。

撮影	玉井幹郎
デザイン	斉藤芳憲（PLAYROUND）
編集	林愛子

麗し日本旅、再発見！
星野リゾート10の物語

2021年4月6日　第1刷発行

著　者	せきねきょうこ
発行者	鈴木章一
発行所	株式会社　講談社
	〒112-8001
	東京都文京区音羽2-12-21
編　集	☎ 03-5395-3452
販　売	☎ 03-5395-3606
業　務	☎ 03-5395-3602
印刷所	大日本印刷株式会社
製本所	大口製本印刷株式会社